致富原則

PRINCIPLES FOR BUILDING ~~ALTH~~

朱儀良，羅哈德 編著

善用流動資金、建立理財觀念、
培養致富人格，
有錢不必靠爸，你也可以自己發達！

想要成功發家致富，還得看你從小的人格養成？
還在將錢乖乖存入銀行，認為這樣安全又有保障？
覺得「靠關係」很可恥，人脈不用也沒關係？

「致富」才不是這麼一回事，你得從調整心態開始！

目 錄

目錄

奠定發展的基礎

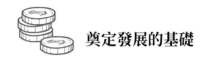

財富的夢想有了實現的可能

　　人的生理和生存需求並不是致富的動力或源泉，就如在動物生活中找不到任何相同或相似的財富追逐現象，因為它不能順應基本的目標，也不能滿足根本的需求。

　　致富的含義就是獲得超過自己需要的東西。這看起來漫無目標，卻是人類最強大的驅動力。也可以這樣說，世間一切事業歸根究柢都無非在於致富，而致富恰是人生的終極。

　　但在致富之前，我們必須了解金錢的實質與祕密。

　　縱觀歷史，不難發現，人類為金錢而互相傷害所造成的危害，遠遠超過其他的原因。

　　一般來說，金錢是價值的標準、交換的媒介、財富的象徵。但是這種說法不但忽略了金錢令人陶醉、令人瘋狂、令人激動的一面，也將愛錢的心態拋開了。

　　約翰‧吉恩斯就曾這樣描寫到：「愛錢是一種多多少少有點噁心的病態，一種半罪惡、半病理，最後我們戰戰兢兢地將自己交給神經專家研究的癖好。」

　　馬庫斯‧雷內爵士也曾不止一次地表示：「金錢是人情的離間力。」

　　世上金錢的種類有很多，但概括起來主要有以下幾種：

　◆　有血腥錢和血汗錢、良心錢和骯髒錢、輕鬆錢和苦力錢、該焚毀的錢和光榮的錢；

- 有國王饋贈的重金，也有娼妓賣身的銅臭；
- 有情婦的費用，也有妻子的津貼 —— 零用錢、消費錢、銀行存款；
- 有些是歹徒罪惡的報酬，有些是富翁的饋贈；
- 某些費用人人付得起，有些價碼卻昂貴得令人咋舌；

……

金錢的外表雖然相同，但卻隱藏了許多差異。血腥錢買不到合法收入所帶來的一切，國王的贈金和中獎的財富也截然不同。

事實上，金錢的交換率是騙人的把戲。我們用金錢能買到東西的外表和形體，就自以為能買到一切，其實，我們的收穫非常可憐。

以賽亞說：「金錢的最大特性就是不能滿足人。」

富翁麥克‧亞格也發出這樣的感慨：「我得不到金錢的滿足。」

儘管如此，但追求、積聚這種不能滿足人類靈魂的東西，卻是人類文明中最強的驅動力，雖然熱衷於金錢遊戲的人往往拚命否認這一點。這種激情在某些人的心目中仍然很模糊，但仍是人類最後一項可恥的祕密。

也許正因為如此，儘管金錢這個題材枝節叢生，卻很少有人探討過。

# 奠定發展的基礎

當然，誰也無法否認，經濟學和經濟問題受到廣泛而又積極的注意。研究經濟難題卻排除對金錢的渴望 —— 潛在的衝動、渴求、執迷，將二者完全隔離的做法簡直令人難以置信。

種種跡象顯示，對金錢的熱情在美國和西方其他發達國家已接近崇拜。但愛錢並不是西方的獨有個性，世界各國都有相同的作風。

古代華人永遠不忘記膜拜「財神」；希伯來人崇拜金牛；希臘神話中不屈的跑將赫米斯（Hermes）也是利潤之神；埃及人在國王的陵墓裡放滿財寶，使死者在赴天堂的旅程中不擔心錢財的匱乏；在某些原始部落中，富翁擁有百萬貝殼。

在神話故事裡，不管是歐洲故事或《一千零一夜》（又稱《天方夜譚》），「從此過著快樂的生活」都是指富有的生活。

由此可見，人們就算不可能真的一夜暴富，但心中致富的欲望之火卻一刻也沒有熄滅過。在很多人的眼裡，財富是一個夢想、一個神話，即使現在也是如此，但現在它卻有了實際的基礎和實現的可能了。

人類嶄新的賺錢可能性就在眼前，大家都有致富的機會。以前，這種機會沒有實現的可能性，致富的夢想需要屈從現實原則。但現在這是人人都可能發生的事情，儘管現實

中只有少數人有此幸運。

金錢的夢想永遠不會停止

　　致富即使有實現的可能，不過致富的欲望還是被當做夢想來看待較合適。如果研究這個夢的特徵，可以發現幾個主要觀點。

　　首先，人人都渴望安全感。有時女性會為安全感而結婚；聰明的年輕人則會為安全感而把儲蓄投入於養老金或長期公債中，以便將來沒有工作能力時能靠自己的投資安度晚年。

　　一位企業家兼財政家說：「以前我窮困的時候，我的目標是為自己和家人提供安全的生活資源，好讓家人不必擔心下一餐的來源。在夢想中，我認為自己如果能賺取 5 萬英鎊的資金，我們就能生活，不必再為錢而忙碌了；最初只想要這些。這個目標成為我青年時期生活的最大動力。結果，我超越了自己的目標，竟然賺了 5,000 萬英鎊。」

　　這便證明了安全感的渴望有多麼強烈，達到安全感所需要的財富數量也是時刻變化的。格林的一則童話中有這樣的夢想。故事中的魔桌只要聽到「餐桌，擺滿」的命令，就會馬上亮出桌布、盤子、刀叉、一碟碟烤肉和烘肉，以及紅酒。那時的年輕人自言自語道：「現在我終生夠用了。」從此

他就不再擔心食物的好壞、物品的盈缺了。

《伊索寓言》中，曾有一篇〈酸葡萄〉的故事，葡萄架上果實纍纍，看起來一定很甜。有一隻狐狸經過葡萄架，不禁垂涎三尺。牠屢次躍起想擷取可口的葡萄，然而在多次失敗之後，便打消了吃葡萄的念頭，只忿忿地說了一句：「哼！這葡萄八成是酸的。」

這種「酸葡萄」心理正和窮人視富者為惡霸的心理是一樣的，凡是發財欲望越強的窮人，必不甘於過平凡的生活，而對有錢人便視之為「酸葡萄」，大多嗤之以鼻。這是世俗之人的通常想法，他們之所以貶低有錢的人，完全是因對自己的窮困感到不滿所致。

除了「酸葡萄」心理之外，還有一種大同小異的「甜檸檬」心理。本應是酸的檸檬，一旦到了自己手中，便認為是香甜可口的檸檬，而感到莫大的滿足。

對於這類人，理財專家建議，欲求致富之道，首先要拋掉「酸葡萄」和「甜檸檬」心理；其次要改正掩飾自己小氣的行為，例如亂花錢、購買高級用品；最後要制定出符合自身的理財計畫。

渴望有私房錢的人能靠積蓄度日，希望為終生做好準備。這事實上是退休者們的夢想，他們想靠積蓄過日子，不必工作。雖然這種願望很消極，但卻非常普遍，而且並不僅

限於奮鬥、掙扎而疲倦不堪的人。

一個稍有成就的人說「我可以退休了」，實在是個令人不解的說法。其實這種人一刻也不想退休，但是他們想到的是，自己要退休便可以退休，那樣心裡會很高興。

探求這種退休者的幻想，我們可以發現，其中含有輝煌的滿足感、不必聽人使喚、不聽任何人指揮。

在整個動物世界中，人類依賴別人的時間和程度遠遠超過其他動物，也難怪人們會討厭依賴。我們夢想經濟上的獨立，以便解除對他人的各種依賴，這是很富人情味的幻想。安全感一旦在現實生活中建立，大家很可能會進一步走向比享受金錢更刺激的樂趣。

以下是一位裁縫師為終生做準備的故事：

「在童年時代，我要的只是同一條街上別人有，而我沒有的東西。我不羨慕大轎車，因為我那條街上根本沒有大轎車。我心目中所謂的有錢，就是擁有那條街上最好的房子；目的就是讓整條街的人瞧瞧，讓大家知道我比他們厲害。我的夢想從來沒有超出漂亮的住宅，我也沒有街外的相關資料。我不想成為電影明星那類的事情，因為我不懂那個。電影明星純粹是幻想的人物。

記得有一年，我大約 21 歲時，有個人穿著漂亮的西裝走過這條街。我注意到他對那套西裝漫不經心的樣子，印象很

深。我做的就是裁縫這行，完全知道這套西裝有多貴。但他竟然能漫不經心地穿用，讓我羨慕極了。於是，他成為我夢想的人。我不羨慕百萬富翁，因為我那條街上根本沒有百萬富翁。」

強烈的財富渴望感一定能壓倒別人。在現實生活中，也就是壓倒周圍的人。

起初夢想目標也許很小：希望能漫不經心地穿一套貴西裝，而不是戰戰兢兢地當禮服來穿。隨著求勝渴望的增長，夢想也逐漸擴大。做夢的人想像自己有一天衣錦還鄉，真正地在人們面前神氣一番。

在度倫馬的劇本《拜望》中，一位非常富有的太太回到她的出生地，她饋贈巨款給故鄉，卻要求釘死一個上了年紀的男人。因為此人年輕時和她相愛，後來卻將她拋棄了。

這是曾經遭受冷落、屈辱、拋棄的人最普遍的報復夢想。有一天，有一天……等著吧！不管是只讓他們瞧瞧，還是真的採取行動，金錢都被視為報復的力量。

旅館經理拒絕給我們房間住，或不讓我們住想要的房間，我們心裡便幻想著報復的那一刻 —— 買下旅館，把他開除。

有位富翁真的做過這種事：希臘船王尼亞爾霍斯曾經要住巴黎麗茲酒店的主套房，但遭到經理拒絕，因為那是永遠

保留給芭芭拉·赫頓（Barbara Hutton）住的。尼亞爾霍斯就叫經紀人著手購買飯店的股份，將近 50％時，他要求董事會開除經理。

當我們覺得孤獨無援時，就幻想用錢來彌補那種狀況。在幻想中，金錢是萬能的。錢能買下麗茲酒店，也能處死變心的愛人。

在我們的社會，人們總是羨慕而嫉妒地談論某一位富翁隨隨便便花大錢滿足其小小欲望的傳聞，可見我們對這種夢想深深著迷。

阿拉丁神燈的故事出色地表現了人們對金錢力量最原始的喜愛。只要擦擦神燈，施詭計的宰相就會慘遭失敗，眨眼間宮殿就會矗立眼前，主人就會贏得蘇丹公主的芳心，最後甚至繼位成為蘇丹王。

在這個故事中，阿拉丁神燈與神祕的金錢力量相似。

金錢也能帶來愛。作曲家利歐尼·巴特說：「《孤雛淚》（*Oliver Twist*）之所以能獲得成功，是因為我渴望愛，認為用錢可以買到一切。我太需要人愛了。眾所周知，被我當成朋友的人，可以從我這裡得到一切，錢更不是問題。我覺得，送人貴重禮物是買到尊重最簡單的方法⋯⋯。」

在年輕人的夢想中，早就把愛情和金錢看成同一件事了。依照傳統，年輕人要先出外奮鬥，發了財再向心愛的少

女求愛。據說，如果他們能帶錢回來，就能得到愛情。

事實上，女孩常常選擇身邊猛追的人。但是我們還是相信，自己一旦有錢，被愛的機會就會相應增加。

這並不是極度地宣揚金錢買愛情的力量，而是相信金錢的神奇特質，相信它有力量改變自己。

影星一夜成名，接著鈔票如雪片般飛來，這位幸運兒也更討人喜歡。演藝圈中一切短暫的婚姻和戀愛史並不能改變天真女孩的夢想，她認為自己若有錢有名，大家對她的愛一定遠遠超過現在不冷不熱的狀況。

金錢可以是一種改造力。有些人因為自己不好，而他們自認為金錢能帶來改變。正如灰姑娘從灰燼中站起來，淨化了自己。我們若有足夠的金錢，也可以如此。

的確，金錢是一個奇妙的東西，誰有了它，誰就成為他想要的東西的主人。有了金錢，甚至可以使靈魂升入天堂。

金錢的欲望是很奇怪的，但是在幻想中，那位「富有的我」不但有錢，基本上也像換了個人，會更強壯、更勇敢、更迷人、更聰明、不再脆弱等。金錢能賦予主人神奇的威力。

由此進一步生出一種信念，金錢能帶來某種程度的不朽。新不列顛（New Britain）的土著認為，得到大財富（貝殼）的目標就是在死後大家會悲嘆，並開盛宴來祭拜他。

金錢能使人們偉大、受人懷念，譬如諾貝爾（Alfred Ber-

nhard Nobel）因為他的獎金而受人懷念，福特因為他的基金
（Ford Foundation）而常被人提起。

IBM 的創始人湯瑪斯・華生（Thomas J. Watson）在 1933
年曾直截了當地說：「我要你們了解，這個公司是要永遠存在
的。」

就算生命不能真正永恆，但至少可以在此時此刻有個
「美麗的生活」。《花花公子》（*Playboy*）雜誌曾一個月又
一個月地仔細列出這些夢想，因為創始人海夫納顯然過著那
種夢幻生活，以便使生命與自我的疑惑和不安有效地被隔
離開。

由《花花公子》雜誌的讀者人數來判斷，那種生活的夢
想已經大大超過我們的想像。

美夢的內容是生活在奢侈的懷抱裡，而且這種欲望的起
源來自小孩子在母親懷抱中舒服的狀態。

有了金錢，我們可以丟掉一切工作，避免繁重的苦差
事，一心追求快樂。金錢，是人類一切幸福的來源。

小說家兼電視劇作家羅拉・慕勒說：「到法國南部精緻
的飯店中度過兩週的假期，非常痛快。這就難免讓人以為，
這種生活如果能無限延長，一定會很快樂。事實卻不見得如
此，但是大家都這樣認為，所以就嘆息道：『唉！如果能一
直這樣過下去該有多好啊！』」

最後，如果奢侈的生活在期待中也變了味，那麼還有一項最終更能令人滿足的夢境 —— 成為最偉大的人物。

有一位昔日當侍者的人，自己開飯店，生意不錯，進而就想要擁有當地最大的飯店連鎖企業，而且他根本說不清理由。

「只是，你若當了將軍，就想當最偉大的將軍，不是嗎？」他說。

拿破崙的野心並不只限於軍事方面。做夢的人想像自己的公司遍及全球 —— 報社、電臺、電視臺、紙廠、保險公司、租車行、銀行、航空公司、油田、電影院、飯店、超級市場，他要擁有一切。

夢想太大了，除非心靈能最終驚駭於自己的貪得無厭，否則追求金錢的欲望永遠也不會停止。

金錢夢破滅於沉迷的幻想

人人都有金錢夢，不過每個人夢想的最終結果卻各不相同。有些人的夢想會成為現實，並產生新的內容。但是，有一種人的夢想永遠不可能實現，因為他只沉迷於幻想，卻不知為此而努力奮鬥，即喜好幻想甚於實際。

一位靠救濟金過日子的人說：「現在我最遺憾的就是，沒錢能讓我像昔日那樣賭博。」

倒不是他想贏錢，而是那樣他就有做夢的機會。這正是金錢空想家的特性。

19 世紀法國小說家巴爾札克就是這種人的典型代表。正如他在小說中所描寫的，他非常了解金錢，而且瘋狂地愛上它。他投身各種商業冒險，做過土地投機、印刷廠、香水廣告、古典作品的再版等。他的作品顯示，他在金融方面具有極大的天賦。不過，他的企業卻一無所獲。

替巴爾札克立傳的作家安德·毛洛斯曾經暗示：巴爾札克一再失敗，主要是因為他生命中一旦出現困難，他就立刻退入自己虛構的世界中，他在那個幻想的世界掌控得非常好，成果完全掌握在他手中。這就是空想家的一貫作風。

這種人在任何文化中都可以找到。亞瑟·米勒（Arthur Miller）的名劇《推銷員之死》（*Death of a Salesman*）就是這種人的結局。

第一次世界大戰後的不景氣年代，維也納和布達佩斯的咖啡館中坐滿了失業的男人，整個下午啜一杯咖啡，空談他們的發財夢想。大多數人就這樣醉生夢死地度過一生。

賭博店、賽馬場、俱樂部、專利事務所和音樂出版家的等候室裡也擠滿了夢想家。別人都知道他們不可能發財，他們是在浪費時間，但是他們已深深地沉迷於幻想中，不聽勸告，也根本不在乎。

奠定發展的基礎

這些瘋狂的空想者心中的夢想已達不可限制的極端，金錢夢已違反了理智的判斷。因為做夢的人，根本不會考慮他的夢想是否行得通？是否會受到局限？他的想像具有自覺偶像的幻覺強度。在助長幻覺的活動中，比如賭博，空想者往往陷入一陣漫長而且無法解除的刺激和迷亂之中。

佛洛伊德看出賭博俱樂部中的儀式：玩牌的熱情中，賭徒的狂熱勝過強烈的金錢刺激。他認為大家著重在手部的強烈動作，就可以證明這一點。更浮動人心的是骰子遊戲中常常會有的手勢、臉部表情和叫聲。

人們為金錢而興奮，努力賺錢，用財富的畫面誘惑自己。所有半文學性的作品都在刺激他們的欲望，當然都無法滿足他們。

廣告、報紙、雜誌、電影、電視、商品、時裝照片、室內設計 —— 那些鍍金的浴室設備、那些仿豹皮床罩！但是在潛意識裡，它們卻是金錢夢的飼料，刺激著人們最奢華的渴望。它們共同協作造成了金錢肖像的魅力，培養出一種偷窺狂 —— 喜歡看別人的富裕生活來過癮。

就如在威尼斯的盛季裡，觀光客站在大飯店門外，觀賞著裡面的人坐在水晶吊燈下用餐。

有人跑到汽車展覽室，坐進明知自己買不起的轎車裡；有人叫房地產仲介商帶他四處參觀自己買不起的昂貴產業；

有些女人愛試穿自己買不起的衣服；也有人填寫他不可能去的環球旅行卷。

像這樣，人們驅使自己進入金錢刺激的狀態。他們談著自己的好運將至，發財以後要做些什麼。所有這些都是沉迷於幻想者的表現。

擁有金錢夢並沒有錯，不過此夢想應該局限在行得通的地方，否則最後只會是一個一無所獲的空想家。

迷戀於金錢幻想的人終日都陷身於自己的幻想中，以致最終以悲劇結束。那麼，這種迷戀究竟是怎樣產生的呢？

心理分析學家厄內斯特・瓊斯（Alfred Ernest Jones）曾說，小孩子大多有「倒轉的狂想」。他們認為自己在一天天長大，父母就會一天天變小。當然，從相對的觀點來看，也不無道理。檢討這些狂想，其中有報復的夢想存在。

瓊斯引用了一位 3 歲女孩對她母親所說的話：「等我變成大女孩，妳變成小女孩，我就像妳現在打我一樣打妳。」

有一位 3 歲半左右的小男孩曾經對他母親說：「等我長大了，妳就會變小；那麼我會把妳抱來抱去，幫妳穿衣服，趕妳去睡覺。」

兒童對自己幼小、無依、仰人鼻息的生存情況，似乎常用倒轉的方式來處理。

孩子經常仰賴父母，最明顯的例子就是要父母買東西給

他。因為父母有錢，而他沒有，所以他只得永遠說：「你們什麼時候買這個給我？」、「請買那個給我吧！」、「如果你們買那個給我，我會很乖的。」、「為什麼你們不買這些給我呢？」

當大人不讓孩子買冰淇淋或玩具車時，往往引來一陣尖叫或哭喊，這時候就明顯地看出依賴所包含的憤怒了。

因為買東西給孩子對他們很重要，成人就以送東西作為控制孩子的手段。父母根據買或不買，設計出賞罰孩子的制度：「如果你乖、如果你吃藥、如果你去睡、如果你不再尿床、如果你在學校拿到好成績⋯⋯我就買這個給你。」

兒童自覺被大人花錢的能力所控制，他正缺乏那種能力。在兒童的倒轉夢中，他自然幻想他能依照自己的金錢來控制父母。

小男孩告訴父親，他要買一輛跑車當他生日禮物，不見得是孝順使然，很可能他要用跑車來控制爸爸，就像他自己被控制一樣。

因此，在兒童是富翁、爸爸是乞丐的倒轉夢中，金錢夢可以由它的起源推出一些習慣形成的本質。幼時的依賴是迷戀金錢夢的來源，但這並不意味是唯一的來源。

當然，倒轉夢也有用處，它可以提供行為的動力，不過那是成功的金錢夢。

如果不斷地沉迷於夢境，難免會造成依賴。這種人每當不幸、失敗、厭煩時，就會用金錢夢來提神。他們會隱身於幻想中，用這種方法來消除低落的情緒。他們會痴迷於自己的幻境，得到短暫的刺激，使精神愉快，然後嘆一口氣又回到現實。而現實的種種情況卻變得更加難纏了，於是他們就一味地沉迷於金錢幻想中，而不付諸實際的行動。

愛財，而非金錢是萬惡之源

金錢好嗎？許多持有消極心態的人常說：「金錢是萬惡之源。」但是《聖經》上說：「愛財是萬惡之源。」這兩句話雖然只有一點差異，卻有很大的區別。

持有消極心態的人認為金錢是萬惡之源，是他們連躲也躲不掉的東西，他們不會去追求財富。

事實上，人類社會發展的歷史證明：金錢對任何社會、任何人而言都是重要的；金錢是有益的，它使人們能夠從事許多有意義的活動；個人在創造財富的同時，也在對他人和社會做出貢獻。

隨著現代社會的不斷發展，人們對生活水準的要求不斷提高。現實生活中，我們每個人都承認，金錢不是萬能的，但沒有金錢卻又萬萬不能。我們每個人都需要擁有一定的財產：寬敞的房屋、時髦的家具、現代化的電器、流行的服

奠定發展的基礎

裝、小轎車等等，而這些都需要用錢去購買。人們的消費是永無止境的，當你擁有自己朝思暮想的東西之後，你會渴望得到新的、更好的東西。在現代社會中，金錢是交換的手段，金錢就是力量，但金錢可用於做壞事，也可以用於做好事。

亨利・福特（Henry Ford）、約翰・洛克斐勒（John Davison Rockefeller）、湯瑪斯・愛迪生（Thomas Alva Edison）、安德魯・卡內基（Andrew Carnegie）等人建立了一些基金會，直到今天，這些基金會還有總計 10 億美元以上的基金，基金會撥出的金額專用於慈善、宗教和教育。這些基金會為上述事業捐助的金額每年超過了 2 億美元。

金錢好嗎？我們認為它是好的。

安德魯・卡內基的故事將讓讀者深信，卡內基能與別人分享他所擁有的東西：金錢、哲學以及其他。

卡內基 —— 一個貧窮的蘇格蘭移民孩子，變成了美國最富有的人。他那動人的經歷和勵志哲學，可以在《安德魯・卡內基自傳》中讀到。

卡內基勤奮地工作直到 83 歲逝世。在此期間他一直明智地與人們共享他那巨大的財富。

1908 年，18 歲的希爾（Napoleon Hill）訪問了這位偉大的鋼鐵大王、哲學家和慈善家。第一次訪問持續 3 小時之

久。卡內基告訴希爾：他最巨大的財富不是金錢，而是在他的哲學中。他在世時極力幫助希爾，因為他說：「人生中任何有價值的東西，都值得為它而勞動。」

現在希爾懂了：應用這句自我激勵警句就會得到幸福、健康以及財富。任何人都能學會和應用安德魯·卡內基的人生準則。

此後，拿破崙·希爾在這句話的激勵下，首次創造出最具系統、最全面的「拿破崙·希爾成功學」，提出了最激勵人心的 17 條成功定律。在希爾的成功學影響下，全世界上千萬的人從一無所有到功成名就，無不是因希爾成功學的激勵。

印度聖雄甘地了解希爾的成功學後，下令全國學習，從而，又造就了不少成功人士。

菲律賓共和國第一任總統桂桑爾，也是在希爾成功學的教誨下，堅決而自信地帶領國家走向獨立。柯達公司（Eastman Kodak Company）總裁伊士曼（George Eastman）、刀片大王吉列（King Camp Gillette）等人的成就，無不是希爾成功學（17 條定律）的鐵證。

崇尚金錢但別沉溺其中

崇尚金錢是一種優良品質，但不要過分沉溺其中、不要

貪財，也不要吝嗇。以下我們來看看馬登（Orison Marden）和萊茵教授的故事。

馬登在 7 歲時就成為孤兒，這時他不得不自己去尋找住宿和飲食。早年他讀了蘇格蘭作家斯邁爾斯（Samuel Smiles）的《自助》（*Self Help*）一書。斯邁爾斯像馬登一樣，在孩提時期就成為孤兒，但是，他找到了成功的祕訣。《自助》中的思想種子在馬登心中形成熾烈的願望，發展成崇高信念，使他的世界變成一個值得生活的更美好世界。

在 1893 年經濟大恐慌之前的經濟繁榮時期，馬登開辦了 4 個旅館。他把這 4 個旅館都委託給別人經營，而他自己則花許多時間用於寫書。實際上，他想寫一本能激勵美國青年的書。正如同《自助》過去激勵了他一樣。正當他勤奮地寫作時，令人啼笑皆非的命運捉弄了他，也考驗了他的勇氣。

馬登把他的書叫做《向前線挺進》（*Pushing to the Front*）。他採用的座右銘是：「要把每一時刻都當作重大的時刻，因為誰也不知道何時命運會檢驗你的品德而把你置於一個更重要的地方去！」

就在這個時候，命運開始檢驗他的品德，要把他安排到一個更重要的地方去了。

1893 年的經濟大恐慌襲來。馬登的 2 家旅館被大火燒得精光，即將完成的手稿也在這場大火中化為灰燼。他的有形

財產都付諸東流了。

但是馬登具有積極的心態。他審視周圍，看看國家和他本人究竟發生了什麼事。他的第一個結論是：經濟恐慌是由恐懼引起的，諸如恐懼美元貶值、恐懼破產、恐懼股票價格下跌、恐懼工業的不穩定等。

這些恐懼致使股票市場崩潰。567 家銀行和貸款信託公司以及 156 家鐵路公司，都破產了。失業影響了數以百萬計的人們，而乾旱和炎熱，又使得農作物歉收。

馬登看著周圍物質上的，和人們心靈上的空虛，覺得有必要來激勵他的國家和人民。有人建議他自己管理其他 2 個旅館，他否定了。占據他身心的是一種崇高的信念。馬登把這種信念與積極的心態結合在一起。他又著手寫了一本書。他的新座右銘是一句自我激勵語：「每個時機都是重大的時機。」他告訴朋友們說：「如果有一個時候美國很需要積極心態的幫助，那就是現在。」

馬登在一個馬廄裡工作，只靠 1.5 美元來維持每週的生活。他日以繼夜不停地工作，終於在 1893 年完成了初版的《向前線挺進》。

這本書立即受到熱烈的歡迎。它被公立學校作為教科書和補充讀本；在商店的職員中廣泛傳播；被著名的教育家、政治家以及牧師、商人和銷售經理推薦為激勵人們採取積極

心態的最有力讀物。它以 25 種不同的文字同時發行，銷售數量高達數百萬冊。同時，馬登也成為一位百萬富翁。

馬登和我們一樣，相信人的特質是取得成功和保持成果的基石、並認為達到真正完美無缺的特質本身就是成功。他指出成功的祕密、他追求金錢，但是他反對追逐金錢和過分貪婪。他指出有比謀生重要好幾倍的東西，那就是追求崇高的生活理想。

馬登闡明了為什麼有些人即使已成為百萬富翁，但仍然是徹底的失敗者。那些為了金錢而犧牲家庭、榮譽、健康的人，一生都是失敗者，不管他們可以聚斂多少錢財。

金錢可以做壞事，也可以做好事，關鍵在於用之有道，金錢除了滿足基本生活花費外，還可用於慈善事業。

洛克斐勒家族透過贈予金錢，給成千上萬的人帶來了幸福。

在 19、20 世紀之交，許多曾使美國工業蓬勃發展的大人物開始陸續離開人世，他們的龐大家產將落在誰的手中，不少人都極為關心。

人們預料那些繼承者多數將難守父業，會白白地把遺產揮霍掉。

就拿大名鼎鼎的鋼鐵大王約翰·W·蓋茲來說，他曾在鋼鐵工業界因冒險而贏得「一賭百萬金」的稱號。後來他把家

產傳給兒子，兒子卻揮霍無度，以致於人們給他取了一個綽號叫「一擲百萬金」。

因此，人們自然也以極大的熱情關注著小洛克斐勒。

1905 年，《世界主義者》雜誌發表了一組題為《他將怎麼安排它》對小洛克斐勒的論點，開場白這樣寫道：「人們對於世界上最大的一筆財產，即約翰·D·洛克斐勒先生的財產，今後的安排感到很大興趣。這筆財產在幾年之中將由他的兒子小約翰·戴·洛克斐勒來繼承。不言而喻，這筆錢影響所及的範圍是如此廣泛，以致繼承這樣一筆財產的人完全能夠施展自己的財力去徹底改革這個世界……要不，就用它去做壞事，使文明推遲 1/4 個世紀。」

此時，在老洛克斐勒晚年最信任的朋友 —— 牧師蓋茲先生的勤奮工作和真心建議下，他已先後把上億巨款，分別捐給學校、醫院、研究所等，並建立起龐大的慈善機構。對所建立的慈善機構，老洛克斐勒雖然進行大量的投資，但在感情上對這種事業，他還是冷漠的。他更看重賺錢這門藝術，怎樣從別人口袋裡把錢賺到自己手中，是他畢生工作，也是他生活的唯一動力。

這就給小洛克斐勒提供了一個機會，他同時又牢牢地把握住了這個機會。

小洛克斐勒曾回憶說：「蓋茲是位傑出的理想家和創

造者,我是個推銷員 —— 不失時機地向我父親推銷的中間人。」

在老洛克斐勒「心情愉快」的時刻,譬如飯後或坐汽車出去散心時,小洛克斐勒往往就抓住這些有利時機進言,果然有效,他的一些慈善計畫常常會得到父親同意。

在 12 年的時間裡,老洛克斐勒投資了 446,719,371 元給他的 4 個大慈善機構:醫學研究所、普通教育委員會、洛克斐勒基金會和勞拉‧斯培曼‧洛克斐勒紀念基金會(Laura Spelman Rockefeller Memorial Foundation)。

在投資過程中,他把這些機構交給了小洛克斐勒。在這些機構的董事會裡,小洛克斐勒發揮了積極的作用,不只是充當說客而已。他除了幫助進行摸底工作,還物色了不少傑出人才來對這些機構進行管理指導。

1901 年,小洛克斐勒應慈善事業家羅伯特‧奧格登之邀,和 50 名知名人士一起搭火車考察南方黑人學校,作了一次歷史性的旅行。回來後小洛克斐勒寫了幾封信給父親,建議創辦普通教育委員會,老洛克斐勒在接信後 2 個星期內,就給了他 1,000 萬美元,1 年半以後,又陸續捐贈了 3,200 萬美元。在往後的 10 年裡,捐贈額不斷增加。

在洛克斐勒基金會成立後,蓋茲憑他牧師的神聖靈感和商業的敏銳度,已預見洛克斐勒的慈善事業可能產生的國際

影響了。

出於商業和殖民統治的考慮，1914 年，蓋茲建議創設中國醫學會，並擬訂計畫在中國北京建立一些現代化的醫學院。

於是，北京協和醫學院和協和醫院誕生了。小洛克斐勒親自到北京參加落成儀式典禮，並在演講中稱它是「亞洲第一流的醫學院」。這兩座先進的醫院為中國人民帶來健康的福音和曙光。

在洛克斐勒的慈善機構中，小洛克斐勒最關注並最有感情的是社會衛生局。

1909 年，紐約市長競選活動中一個主要的爭論是賣淫問題。結果成立了一個大陪審團調查買賣娼妓的生意，被人們視為「好好先生」的小洛克斐勒，應邀當上了這個大陪審團的陪審長。

他接受任務後，就貢獻出全部精力，不分白天黑夜地工作。大陪審團工作幾個月後，擬出了一份詳細報告。報告建議組織一個委員會來研究有關法律和處理這個社會弊病，但紐約市長拒絕成立這種委員會，於是小洛克斐勒決定自己做下去。

1911 年，他建立了社會衛生局，投資 50 多萬美元。

該局第一個行動，就是派遣弗萊克斯納（Abraham Flexner）出國，對歐洲國家的娼妓問題與美國的娼妓問題有何不同之處，作了一番全面考察。

弗萊克斯納帶著美國國務卿的介紹信，遍訪歐洲各大城市，回來後得出結論：控制這些壞事的可能之一，是驅使它轉入地下，這樣即使不能根絕它，也能在社會上產生隔離作用。

他得出的第一個結論是，不了解賣淫得以盛行的合法環境，也就不可能了解賣淫問題。

這一結論導致該局又派人去了一趟歐洲，對警察行政進行了第一次跨國的國際性考察。

考察結論令人吃驚：專業化的歐洲警察與馬虎隨便、缺乏紀律性的美國警察，對比十分鮮明。

這項調查對完善美國的警察制度，確實功勞不小。

洛克斐勒基金會捐贈的範圍、廣泛度和複雜性，足以寫成好幾部書，它給人的印象是一個賢明而造福社會的超級慈善機構在高效率運轉。

事實上，美國政府在 20 世紀後半葉辦理的衛生、教育和福利事業，許多是洛克斐勒在當世紀上半葉就發起的。

除了傾力撲滅世界性疾病外，洛克斐勒基金會還把目光轉向世界各地的饑荒及糧食供應上。

由基金資助的一些出類拔萃的科學家，發展了玉米小

麥和稻米的新品種，對全球不發達國家提供了廣泛的技術援助。

某些基金還被用於資助科學技術方面的拓荒工作 —— 在加利福尼亞州（加州）建造了世界上最大的天體望遠鏡，在加利福尼亞大學裝置了有助於分裂原子的 184 英吋迴旋加速器。

在美國，有 10,000 名科技人員享受洛克斐勒基金會提供的工作費用，他們當中有不少世界一流的科學家。

除經營那些龐大的慈善機構外，小洛克斐勒還獨立從事了他畢生愛好的工作之一：保護自然。

早在 1910 年，他就買下了緬因州一個景色優美的島嶼，僅是為了保護這裡崎嶇起伏的自然美。他在島上修路鋪橋，既方便了遊客又保護了自然。後來他把它們全部捐給了政府，成為阿卡迪亞國家公園（Acadia National Park）。

1924 年，他在周遊懷俄明州的黃石公園（Yellowstone National Park）時，看到公園道路兩旁亂石碎礫成堆、樹木東倒西歪，為此大吃一驚。一問，才知是政府拒絕清理路邊。於是，他立即花了 5 萬美元資助公園的清理和美化工作。5 年之後，清理所有國立公園的路邊就成為美國政府一項永久性的政策。

據統計，小洛克斐勒為保護自然花了 1,000 萬以上美元：

- 建設阿卡迪亞國家公園花了 300 多萬美元；

奠定發展的基礎

- 購買土地，把特賴恩堡公園送給紐約市花了 600 多萬美元；
- 替紐約州搶救哈得遜河的一處懸崖花 1,000 多萬美元；
- 捐贈200 萬美元給加利福尼亞州的「搶救繁榮杉林同盟」；
- 160 萬美元給了優勝美地國家公園（Yosemite National Park）；
- 164,000 美元給雪南多亞國家公園（Shenandoah National Park）；
- 花 1,740 萬美元買下 33,000 多畝私人地產，把大提頓山（Grand Teton）的著名景觀「傑克孫谷（Jackson Hole）」完整地奉送給公眾。

小洛克斐勒最大的一項義舉是恢復和重建了整整一個殖民期的城市 —— 維吉尼亞州殖民時期的首府威廉斯堡（Williamsburg）。

那裡的開拓者們曾經最早喊出「不自由，毋寧死」的口號，是美國歷史上一塊「無價之寶」。

小洛克斐勒親自參加恢復和重建每一幢建築的工作。他授權無論花多少金錢、時間和精力，也要重新創造出 18 世紀時期那樣的威廉斯堡。

結果，他總共付出 5,260 萬美元；恢復了 81 所殖民時期原有建築；重建了 413 所殖民時期的建築；遷走或拆毀了 731

所非殖民地時期的建築；重新培植了 83 畝花園和草坪，還興建了 45 所其他建築物。

1937 年，美國政府透過一項法律，把資產在 500 萬元以上的遺產稅率增加到 10%，次年又把資產在 1,000 萬及 1,000 萬元以上的遺產稅率增加到 20%。即便這樣，老洛克斐勒 20 年中陸續轉移，交到小洛克斐勒手裡的資產總值仍有近 5 億美元，差不多與他父親捐出的數字相等。老人家只幫自己留下 2,000 萬元左右的股票，以便到股票市場裡去消遣消遣。這筆龐大的家產落到小洛克斐勒一人身上，大得令他或其他任何人都吃喝不完；大得令意志薄弱者足以成為揮霍之徒。但他從來就只把自己看作是這份財產的管家，而不是主人，他只對自己和自己的良心負責。

只要曾經在賭場中嘗過一次甜頭的人，似乎很難徹底脫離這個圈子，事實上因賭博而致身敗名裂的人很多。只要涉及的話就萬劫不復，雖遠離就能得救，這淺顯的道理連小學生都懂，但賭徒偏偏無法自拔。對賭徒而言，賭博就像吃了迷藥一樣容易上癮，一上癮就再也無法跳出火坑了。

無論是賽馬，還是麻將，任何賭博都有輸也有贏，正因為有贏，贏的心理不斷得到強化，為了獲勝，就必須再賭下去。雖然再賭不一定會「輸」，但也並非「絕對會贏」。賭博也就在如此輸贏的情況下不停地持續下去。這就是賭博的

魔力所在。

對於身陷賭局無法自拔的人，專家建議，不妨一次讓其輸到底，等到其囊空如洗之時，就不難戒賭了。

從走出大學以來的 50 年中，小洛克斐勒是父親的助手，然後全憑自己對慈善事業的熱情胸懷和心力，花了 82,200 萬美元以上，按照他的看法用以改善人類生活。他說：「給予是健康生活的奧祕……，金錢可以用來做壞事，也可以是建設社會生活的一項工具。」

他所贊助的事業，無論是慈善性質還是經濟性質，範圍都廣大而深遠，而且在投資前都經過了從頭至尾的仔細調查。

「我確信，有大量金錢必然帶來幸福這一觀念並未使人們因有錢而得到愉快，愉快來自能做一些使自己以外的某些人滿意的事」。

說這話的人是老洛克斐勒，但徹底使之變為現實的卻是他的兒子小洛克斐勒。

對他來說，贈與似乎就是本職，就是天職，就是專職。

毫不誇張地說，在 20 世紀前 50 年的美國社會生活中，每一個新開拓的事業，都深深打上了洛克斐勒家族的烙印。

金錢造就了「人」

再沒有比荷包鼓鼓更能使人放心的了。或銀行裡有存

款,或保險櫃裡存放著熱門股票,無論那些對富人持批評態度的人怎麼辯解,金錢的確能增加憑正當手段來賺錢之人的自信心。想想吧!你只要錢包裡有一張支票,或幾疊美鈔,你就可以周遊世界,買任何錢能買到的東西。

實際生活中的許多事情告訴我們,隨著一個人財富的增長,他的自信心也隨之增加,所謂「財大氣粗」就是這個道理。錢,好比人的第 6 感官,缺少了它,就不能充分調動其他的 5 個感官。這句話可說是具體道出金錢對消除貧窮感的作用。

口袋裡有錢、銀行裡有存款,會讓你更輕鬆自在,你不必為別人怎麼看你而過多憂慮,如果有人不喜歡你,沒關係,你可以找到新的朋友。

你不必為幾百塊錢的開銷而操心,你可以瀟灑地逛商品市場、自由地出入大酒店。

常常感到拮据的人往往怕掌控他收入的人;有家的男人怕被解僱;當他為自己的某種嗜好花了好多錢時,會有一種罪惡感。因為這筆錢對他的家人來說,可以買到其他不可或缺的東西。因缺錢而產生的壓力阻止他想做的事,他的欲望受到壓抑,他被束縛了手腳。

如果你渴望自由、如果你渴望表現自我,就把它們當成賺錢的動力吧!這種動力也是強而有力的刺激點。有人曾這

樣寫道：「讓所有那些有學問的人說他們所能說的吧！是金
錢造就了人。」

金錢並非快樂之源

人若要慷慨，先要節儉。節儉不只為自己帶來方便，而
且與人為善。它興建醫院、廣施錢財、捐資辦學、倡導教
育。只有最善良的心靈，才可能生出仁愛，它有一種近乎於
神的本質。

普通的人，心理有同樣的情感。一個人，無論他如何窮
途末路、勞碌辛苦、身分低微，行善之於他，是天賦，更是
祝福──它帶來施與快樂，與領受者相比，不見得少呢！

其實，我們誇大了錢財的能力。固然，為了讓人們脫離
他們罪惡的歷程，為了讓他們向善，我們募集了大量的捐
贈。但單單捐贈並不能達到目的，錢財從未能影響社會的重
大變革。有誠摯的決心、切切實實的獻身、努力的工作，才
能讓人克服放縱、短視、不虔敬的惡習，使他們在追求正當
高貴的目標時，實現自己的幸福。錢也許有很多用途，但金
錢自身什麼也做不到。

錢財的力量被誇大得太厲害了。決心在社會出人頭地的
人，都把它看成很重要的東西。他們有了錢，可能大度，也
可能驕傲。有的人為了博得他人好感，日常生活常掛在嘴邊

的那些言不由衷的自白，徒增人的反感。

　　某些人對錢財崇拜得五體投地。以色列人有他們的金牛；希臘人有黃金做成的朱比特（Jupiter）神像。愛慕金錢、財物，是人類天性中最低賤的部分。人們常常會問：「他有多少財產？」、「他收入多少？」如果你告訴他們：「我發現一個仁慈、有德、完美的人！」他們毫不在意，但如果你說：「我發現一個有 1,000 萬家財的人！」人們會對他刮目相看。

　　野心、貪婪，如果說它們可以讓國家揚眉吐氣，卻會使國家的每個分子變得粗鄙不堪。現在，每個人都在拚命賺錢發財，他們已經不能看到那些更高的品質……人們現在的許多奇思異想足以說明，他們對資本的渴慕，已經取代了其他一切高尚的志向，無論是現世的，還是來生的。

　　對金錢的追求會將眼面的一切都掃開，而現在，它已成為人民的一種習慣。人們的注意力完全在它身上，其他的幸福，或者全不放在眼裡；或者被說得一無是處。而後，這些渴求金錢的人又希望透過捐助，來恢復自己的道德品質；如山一般的財富沉重地壓在他們的心頭，壓在他們的靈魂上，如果他們能抵抗這種壓力，繼續保持勤勉的習性，堅強的心靈，那他們真可說是用特殊材料做成的人，因為人一旦有錢，往往容易虛度光陰、揮霍無度。

　　如果錢財不會讓人們相互疏遠，世上一半的罪惡就會消

失。如果雇主多接近工人，也允許工人多接近雇主，我們就不會遇到現在這麼嚴峻的考驗。他們應該有所作為，幫助那些工人不要沉溺於酒店；他們應該從財富中，拿出更多的部分，為人們建造娛樂消遣的場所；他們應該提供更好的住房、更乾淨的公廁、更好的街道。如果這些都能做到，業主無須停工，工人也不必罷工。

確實，如果錢幣像冬天的雪片一樣飛舞在我們面前，像夏天的草莓一樣沉甸甸，有什麼理由要去注意一位布道牧師的嘮叨呢？

人們繼續辛辛苦苦地生活，希望錢財能賺得更多。看他們十分賣力的樣子，我們真會以為他們是在貧困中掙扎，但其實在他們周圍，財富堆積如山。他們抓住一切機會搜刮，一分一分地賺取，有時為了一點蠅頭小利，什麼低賤的工作也肯屈服。而實際上，他們累積的財富已經遠遠超出他們能享用的程度。但他們仍夜以繼日，不斷地絞盡腦汁，希望能夠錦上添花。

這些人也許在早年沒感受過教育的好處，因而完全不能感受到書本的樂趣，對書沒有任何興趣，有時，甚至自己的姓名都拼寫不出。他們腦子裡只有一個東西，就是「錢」；只盤算一件事情，就是「怎麼賺錢」。他們除了信仰財富，沒有其他任何信念。他們把孩子置於完全的控制之下，只教

他們服從，不培養他們的才能。

最後，這些累積的財富傳到孩子手裡。以前，他們花錢受到限制，現在限制解除，他們就大手大腳；他們從不知道，還有比這更好的生活方式。他們揮金如土，不願再像父輩般那樣做苦力，他們要做「紳士」，要像紳士那樣開銷。很快，錢猶如長了翅膀般，都飛走了。第 1 代積攢財富，第 2 代揮霍，到了第 3 代就一窮二白，又重新淪為貧困的階層，這樣的事例不可勝數。

有句話說：「2 隻木底鞋，1 雙長統靴。」意思是說，父親穿木底鞋累積了財富；兒子有錢，把它花得乾乾淨淨；再到孫子輩，又穿起木底鞋來了。

人到老年，永遠擺脫為錢的勞動、期待和焦慮。為了晚年過得幸福，他們在青年、中年時期，就應該保持心靈健康活潑。他們應當熟悉各類知識，對那些可讓世人一代勝過一代的種種已行之事、正行之事，應當培養自己的興趣。多數人的生活中，有足夠的閒暇可以去閱讀傳記、歷史，可以去掌握科學知識，了解那些與賺錢不同、更高尚的事業。純粹的享樂不能使人幸福，純粹追求快樂的人是不幸的動物。

如果一個瀕臨死亡的人，面前除了成堆的錢幣外，別無任何慰藉，那是多麼悲慘的結局啊！世界正從他眼中消失，他卻在緊挨著錢幣不放，然後嚥了氣，最後一個動作仍是在

撫弄他的錢幣。守財奴死時還在高聲叫著「我的錢！誰也不能奪走我的財產！」是一幅多麼可怕、難堪的景象啊！

人往往因為不夠節儉而遭報應，富人則因為節儉過頭而遭報應——他們越來越吝嗇，越來越感到自己的錢袋在縮小，死時像個乞丐。我們知道許多這方面的例子。比如，倫敦一個最有錢的商人，過一段貧苦日子之後，去了農村，來到他出生的那個教區，請求領取救濟金。他雖然家財萬貫，但卻惶惶不可終日，唯恐某天自己會身無分文。當地人發給他救濟金。他死時其狀如同乞丐。

世上所有的有錢人，所有的守財奴，終會發現——世人也會為他們發現——他身後所留的，無非是人們的一句「他死時很有錢」；他的財富，對躺在墳墓裡的他，沒有任何益處，只是末日審判之際為他的不光彩紀錄再添上一筆。如果這便是他一生的報償，那真是一種不幸的報償。

富裕和幸福，兩者並無必然的關聯。有些場合，我們甚至可以斷言，幸福與財富恰成反比。有許多人，他們一生最幸福的時刻，正是他們與貧窮鬥爭、逐漸擺脫貧窮的時期。正是這段時間，他們為了別人犧牲自己，為了將來的自立放棄眼前享樂；也正是這段時間，他們一方面每天為麵包而辛勞，一方面又滋養自己的心靈，努力使自己的家庭智慧更多、境況更好、生活更幸福、對社會更有貢獻。

每一種生活，都有它的補償。窮人或富人，其間命運的差別沒有我們一般想像得那麼大。富人固然有許多特權，卻常常為此付出很高的代價；他因自己的財產而茶飯不思，也許會成為勒索的對象；他更容易上當受騙，容易成為眾人的目標；他的周圍聚集了一大群向他伸手要錢的人，不把他的荷包榨乾，他們不會甘休。有種說法是，錢一旦多了，去得就快。

窮並不丟臉，如果在貧窮中能保持誠實，那是值得讚美的事情。我們也常常聽到這樣的讚美。如果一個人能在貧窮之中保持自己的尊嚴，不為金錢出賣自己，待人誠實，那麼他的貧窮是值得大大誇耀的。此外，一個能夠自立的人不能算是貧窮，比起那些無所事事、一身債務的紳士，他要幸福得多。

孟德斯鳩曾說過，一個人一無所有並不是貧窮，只有他不去工作，或者不能工作，那才是真正的貧窮。一個能夠工作、且願意工作的人，比起那些擁有萬貫家財、無須工作的人，要更為富裕。

貧窮會磨練人的智慧，所以許多偉人最初都很落魄。貧窮能淨化人的道德，振奮人的精神。在勇士的眼裡，艱辛也是一種快樂。如果我們從歷史去搜尋證據，便會看見，人的勇氣、正直、大度，不取決於他的財富，反倒取決於他的寒

微。智勇者經常是赤貧者，他們往往感到自己有足夠的力量去實現世俗的需要。

上帝造出貧窮，而未造出痛苦 —— 這兩者有天壤之別。痛苦讓人蒙羞，它往往出自不檢點，出自無聊和酗酒；貧窮而不失誠實卻讓人尊敬。在貧窮中能夠忍受、能夠堅持的人，尊嚴並無損害；但一個安於乞討生活的人，卻對社會毫無用處，只會造成禍害。

所有人中，最幸福的往往是窮人，而不是富者。然而，儘管人們都羨慕窮人，卻沒有人願意落到他們的境況。

一位哲人說得好，「讓空虛和謊言都離我們而去；貧窮非我所欲，富裕亦非我所欲；粗茶淡飯，我已足矣。」人快樂的天性也是不平等的，這種不平等，較之財富的不平等，更為重要。財富所賜其實有限，人性的好壞，並不取決於它。靈魂的力量遠大於財富，它決定了人性的善惡，進而決定天性的快樂或者憂傷。

打造致富的素養

沒有人會選擇貧窮

我們的商人富有進取心；我們的企業家非常勤勉；我們的工人發奮地工作；我們的國家累積了過去無法比擬的財富；我們的銀行擁有充足的黃金；在蒸汽機不知疲倦的轟鳴中，我們的工業產品被源源不斷地生產出來。

儘管我們有如此多的財富，然而，我們還有許多同胞遭受著貧窮。緊靠著富裕之國的大門，就能聽到悲慘之國的呻吟 —— 奢侈安逸是建立在痛苦與不幸的基礎上的。

國會的報告一次又一次地向我們披露了相當一部分勞動者所忍受的不幸。據描述，這些工人在工廠、礦山、磚廠以及鄉村中勞動。我們一直在透過立法與他們所遭受的悲慘環境作鬥爭，但事實似乎無情地嘲笑了我們。

那些深陷貧困的人雖然得到救濟，但他們依然並不領情。在施捨者與接受者之間連同情的紐帶都沒有。

因此，那些擁有一切和一無所有的人；富人和窮人，仍然站在社會的兩個極端，一條巨大的鴻溝橫亙在他們之間。

在那些粗魯原始的人中間，貧困的狀況是相同的。他們僅有的願望很容易滿足，他們對痛苦已經麻木。哪裡有奴隸制度存在，哪裡的貧困就不為所知。因為奴隸們僅夠溫飽正是雇主們的利益之所在，雇主們漸漸只關心雇員們最基本的生存要求。只有當社會變得文明和自由時；只有當一個人生

活在自由競爭的環境中時，他才不會遭受貧困，或經歷社會的不幸。

文明在這個國家已經達到最高點，巨大財富也已被創造出來，貧困階級的痛苦應該被舒適和奢侈來迅速地補償，否則，衝突就不可避免。

許多現存的不幸都是自私造成的 —— 或是出於對增加財富的貪婪，或是揮霍浪費。增加財富已經成為我們這個時代巨大的動機和熱情。無論是富國，還是不幸的國家，都把它視為主要目標。

我們研究政治經濟學，並且讓社會經濟按照它自身的規律發展。「力爭第一」是正在流行的格言。高額利潤被當作至善 —— 不管它是如何獲得的，或是付出了何種代價。金錢就是上帝。「只有魔鬼才選擇貧困」，這種精神成為最高主宰。

許多所謂的「上層」，他們用來辯護的理由，不會比「下層」階級更多。他們把金錢花費在打腫臉充胖子上，他們過著一種荒淫無恥、揮霍放蕩的罪惡生活。

沒人會譴責我們的工人缺乏勤勉。他們比任何國家的工人都更勤奮、技能更成熟。如果他們在節儉方面也如勤勞一樣出色的話，他們也能生活在舒適與富足的環境中。但是，遺憾的是，這個階級有著揮霍的弱點。

打造致富的素養

即使工人中薪水最高的那些人，他們的收入比專業人士的平均水準要高，但由於他們不計後果的消費方式，導致他們之中大部分人仍屬於比較貧窮的階級。在經濟景氣時，他們不習慣為將來的壞日子作準備，所以，一旦社會壓力來臨，他們的處境就可想而知了。

因此，一個能幹的工人，除非他在節儉方面養成好習慣，否則，他的生活要求不會高於肉體的需要。他收入的增長僅僅能滿足他畸形消費願望的膨脹。查兌克先生說，在棉荒期間，「許多家庭排著隊到為最貧困的人設立的救濟站去領取救濟。實際上，這些人以前的收入超過了許多助理牧師的收入」。

經濟週期是生意場上永恆的規律，就像埃及法老夢中的瘦牛和肥牛必定交替出現一樣。在一陣突然繁榮之後，接踵而至的必然是市場飽和、人心惶恐、社會貧困。

那些不願動腦卻揮金如土的人不注意吸取教訓，對將來缺乏足夠的準備。揮霍似乎是一個人最不可救藥的缺點之一。貝克先生在一份報告中指出：「所有在工廠區附近居住的人，他們不僅沒有任何積蓄值得一提，而且，失業 2 個星期的工人們，因為缺乏最起碼的生活必需品而正在挨餓。」

雖然沒有發生罷工事件，但工人們已經迅速陷入了貧困的絕境。他們的家具和鐘錶被送到當鋪，當不幸的懇求聲充

斥慈善機構的時候，許多家庭已經在指望救濟金了。

這種習以為常的揮霍 —— 雖然其中也有許多是令人欽佩的例外 —— 是導致工人們墮落的真實原因，也是導致社會不幸的重要根源。這種不幸完全是人性中的無知和自我放縱的結果。雖然造物主已給窮人創造貧困，但窮人並非必然如此。不幸由道德的原因引起 —— 大部分是因為他們個人的邪惡與揮霍。

羅瑞斯先生在談到那些有高薪資的礦工和煉鐵工人的脾性時說：「用揮霍來形容他們的習性顯得多麼蒼白，準確的說法應該是魯莽。這裡的年輕人和老人、已婚和未婚者，都一致公開承認自己是揮霍放縱的人。每個人都聽任這種魯莽的個性來降低他們人性中的高貴品格。他們面對困難時的勇敢類似蠻勇。除了彌補因為閒散或狂歡而損失的時間外，他們很少緊張地工作。他們熱衷於為他們生病的朋友或結婚的朋友舉行聚會，這一切似乎僅僅是為了花掉他們以前的積蓄。從某種程度上來說，他們是那種虔誠得讓人覺得奇怪的人，在困境中，他們經常舉行祈禱會。他們真正的信條常常讓他們墮入狂熱的宿命論。人們痛苦地同時，也確定無疑地看到，一年底到另一年底，過剩與匱乏總是交替出現，所有的人似乎都感猶豫不定。發薪後通宵達旦地揮霍狂飲，星期天沉醉不醒，星期一也許到星期二都上班，接下來的 2、3 週

打造致富的素養

內，整個家裡滿地狼藉，不到下一個發薪日前，不會去收拾和整理；他們的孩子離開了學校，妻子和女兒去了礦井，家具進了當鋪。他們居住在擁擠泥濘的鄉間小路上，他們的房子常常從屋頂到屋腳都裂了縫。沒有下水管道，沒有通風，沒有足夠的水來供應 —— 這種可憐的狀況，與他們領取不菲的薪資是同時存在的。這些薪資本可保證讓他們過上舒適，甚至富足的生活。上述情況似乎表明，沒有任何法律能夠救治他們的毛病。」

我們已經在進行各種「改革」，很多事情可以透過選票來表決。我們已經著手把相當一部分應由救濟對象上繳的稅收轉加在上層階級的身上。這些措施已經發表，但對改善勞工階級的狀況收效甚微。然而，改革的結果對於每個個體來說必定會是有益的，對個人有害的東西肯定對社會也會有害。當人變壞後，社會也會隨之變壞。

僅僅抱怨法律的不公和稅收的沉重是無濟於事的。即使是政府的殘暴也比不上邪惡欲望的殘暴危害之烈。男人們容易被引導到痛苦的路上去，他們之中大部分是心甘情願和自願負責的 —— 其結果就是虛度光陰、揮霍浪費、自我放縱、行為不端。因為我們所受的痛苦而去責備別人，比責備自己更容易被我們的自尊心所接愛。

非常明確的是，那些生活一天到晚沒有計劃的人、缺乏

48

條理的人、沒有事先考慮的人 —— 他們花掉了自己的收入，沒有為將來留下任何積蓄 —— 正在為今後的痛苦種下苦果。一切只為了今天，必然會損害將來。一個信奉「只顧今天吃好喝好，哪管明天是否去死」的人，會有什麼希望呢？

致富者應具有賺錢的素養

繼承大筆財富，最主要的缺點在於，經常會使繼承者變得懶惰且失去自信。有個故事如下：玫克林夫人生下了一位男嬰，據說，他將可繼承上億美元的財富。當這個小嬰兒被放在嬰兒車中，推出去呼吸新鮮空氣時，四周擠滿了護士、助理護士、偵探，以及其他各種僕人，他們的責任就是要防止這個小嬰兒受到任何傷害。從那時到現在已經很多年了，但這種警戒情況仍然繼續維持著。任何僕人能做的事情，皆不准他自己動手。他已長大到 10 歲了。有一天，他在後院玩耍時，發現後門並未關上。在他一生中，他從未獨自一人走出那個後門，因此，很自然的，他心裡希望能夠這樣做。就在僕人們未注意到他的那一瞬間，他立刻從後門衝了出去，向著街道跑，但還未衝到馬路中央，就被一輛汽車撞死了。

他一向用僕人們的眼睛，以至於忘了利用自己的眼睛，當然他如果早點學會相信自己的眼睛，它們必然會為他提供服務。

打造致富的素養

　　拿破崙·希爾曾擔任某位大富翁的祕書。那位先生將他的 2 個兒子送到外地上學。拿破崙·希爾的工作之一，就是每個月各開一張 100 美元的支票給他們，這是他們的「零用錢」，可供他們隨意花費。後來，這 2 個人帶著他們的文憑回家了，他們還從學校中帶回了文憑以外的其他東西 —— 久經訓練的好酒量。因為，他們每人每月所收到的 100 美元，讓他們不必去為生活奮鬥，也因此使他們有機會去好好訓練他們的酒量。

　　幾年之後，他們的父親破產了。他那棟豪華大住宅，已經公開拍賣出售。兩兄弟中，有一人死於精神錯亂，另一人現住在精神病院中。

　　並不是所有的富家子弟都有如此悲慘的下場，但是，事實仍然如此：懶惰會造成畏縮，畏縮會導致進取心及自信心的喪失，一個人缺乏這些基本的優點，終其一生都會在不穩定中生活，就如同一片枯葉隨風飄蕩。

　　許多人能夠在這個世界上功成名就，主要是因為他在生命初期即被迫為生存而奮鬥。許多做父母的因為不知道從奮鬥中可以培養出進取心，所以他們會這樣說：「我年輕時必須辛苦工作，但我一定要讓我的孩子們能過得舒服。」真是既可憐又愚笨的人呀！生活過得「舒服」，通常反而會害了孩子們。在這個世界上，還有比被迫勞動更悲哀的嗎？但被迫

工作，以及強迫自己有最好的表現，並使你培養出節儉、自制、堅強的意志力、知足常樂及其他 100 項以上的美德，這些都是懶惰的人永遠得不到的。

如果你只從事你報酬內的工作，那你將無法贏得人們對你的有利評價。但是，當你願意從事超過你報酬價值的工作時，你的行動將會促使與你工作相關的所有人對你做出良好的評價，且還會進一步建立起你的良好聲譽。這種良好的聲譽，將帶給你更多的報酬。

卡洛‧道尼斯起初是汽車製造商杜蘭特（William Crapo Durant）的助手，後來成為杜蘭特手下一家汽車經銷公司的總裁，他談晉升過程時說：

「當我剛去替杜蘭特先生工作時，我注意到，每天下班後，所有的人都回家了，但杜蘭特先生仍然留在室內，而且一直待到很晚。因此，我也決定在下班後留在辦公室內。沒有人請我留下來，但我認為，應該有個人留下來，必要時可對杜蘭特先生提供任何他所需要的協助。」

「因為他經常在尋找某個人替他把某種公文拿來，或替他做重要的服務，而他隨時都會發現，我正在那裡等待替他提供任何服務。他後來就養成了呼叫我的習慣。這就是整個事情的經過。」

卡洛‧道尼斯的「任勞任怨」、「不計報酬」，既鍛鍊了

打造致富的素養

自己的工作能力，又贏得了老闆的好評和信任，最終被提升到很好的職位，這些都是「不計報酬」而帶來的報酬。

拿破崙‧希爾有一次被一所學院邀請去講學。他受到從未有過的熱烈歡迎，並遇見了許多可愛的人士，從他們身上得到了許多珍貴的教益。他說此行不虛，因此婉言拒絕了學校付給他的 100 美元報酬。

第 2 天早晨，學院院長對學生動情地說：「在我主持這家學院的 20 年期間，我曾經邀請過幾 10 位人士前來向學生們發表演說。但這是我第一次知道有人拒絕接受他的演講報酬，因為，他認為他已在其他方面有所收穫，足以彌補他的演講報酬。這位先生是一家全國性雜誌的總編輯，因此，我建議你們每個人都去訂閱他的雜誌。因為，像他這樣的人，一定擁有許多美德及能力，是你們將來離開學校，踏入社會時所必須用到的。」

不久，拿破崙‧希爾所主編的那家雜誌社收到了這些學生 6,000 多美元的訂閱費。在以後的 2 年當中，這所學院的學生以及他們的朋友一共訂閱了 5,000 多美元的雜誌。

請問，你能在別處以其他方式投資 100 美元，而獲得如此大的利潤嗎？

有一句俗語「吃小虧，占大便宜」。比如百貨公司熱情接收顧客的退貨，不僅促使他們改進工作，而且會獲得廣大

顧客的信賴，購物者因此更多，這難道不是占大便宜嗎？

A先生是一個樂天知命的商人，不論洽談生意成功與否，臉上常掛笑容，走起路來昂首挺胸，「不怨天、不尤人」，朋友都很喜歡與他為伍。

B先生則為人悲觀，對顧客無精打采，一遇困擾就愁眉苦臉。受他的影響，他的員工工作熱情平平，上下關係緊張。

由於A、B兩人處世的態度不同，做事的方針便有所差異。A先生樂觀積極，員工也活躍起來，遇到新構思、提議，也樂於與A先生分享，公司上下充滿幹勁，富有進取精神。B先生的公司恰恰相反，員工們受他的影響，怨天尤人，公司上下缺乏熱忱與精力，這家公司無疑難以發展。

會賺錢的人肯定是A先生的同路人。因此建議朋友們抬頭挺胸、談笑風生，用快樂感染周圍的人，保持活力的形象有助於你賺錢。

另外，你找朋友也要找樂天派，從他們的身上感受積極向上的情緒，你也會跟著積極向上。

我們經常在電視上看到這樣的鏡頭：一個上了年紀而精神不錯的男人，手上牽著一位妙齡女郎。這位男人往往是位成功的男人，在他身上仍有年輕人精力充沛、旺盛的影子。所以，人們看到這老少一對，並不會產生不協調的感覺。有

時，他們往往會令年輕人汗顏。

一個人只有精力充沛，才能對所從事的事業鍥而不捨。這裡不妨對你說，健康的身體才是賺錢的本錢。因為身體不佳，對自己，對世界都會失去希望。

隨著年齡的增加，不但要保養好你的身體，而且要永保一顆年輕的心。如果你抑鬱寡歡、多愁善感、毫無自信，失去了追求和目標，你的身體也會隨之快速衰老，讓你的生理年齡和心理年齡，都大大小於你的實際年齡，你將更吸引人，特別是異性。

因此，每天愉快地生活吧！不要太勞心。

越謙虛的人，越能賺到錢。

擁有客氣的態度，對生意人來說具有特別的意義，即所謂的和氣生財。對顧客要低姿態，是生意人的根本。

美國石油大王洛克斐勒說：「當我從事的石油事業蒸蒸日上時，我自始至終晚上睡覺，都會拍拍自己說：『如今你的成就還是微乎其微！以後路途仍多險阻，若稍一失足，就會前功盡棄。切勿讓自滿的意念，擾亂你的腦袋，當心！當心！』」這句話的意思也是勸人要謙虛，尤其在稍有成就時應特別當心，不要驕傲。

人們大都會有這種想法：越是謙遜的人，你越喜歡找出他的優點來推崇；越是把自己的所作所為看成了不起、孤傲

自大的人，你越會瞧不起他，更想找他的缺點來加以全力攻擊。洛克斐勒正是明白這個道理，才說出這番話且從中獲益的。因為經過一番警惕後，因小有所成而引起的過度興奮情緒，便可平靜了。

樂極就會生悲，過度興奮就會出差錯。就像打麻將一樣，胡了一個大牌就會心慌，接下來如果情緒不穩定，就會出錯牌。

金錢就像流水一樣，由高處往低處流，越到下游，覆蓋的面積越大，土地也越肥沃。賺錢的情形就是這樣。採取低姿態，謙虛、滿懷感謝之心的人，金錢會順流向他而去。越是有涵養、穩重的君子，態度越謙虛；相反的，毫無內涵、輕薄的小人，態度越驕傲。

越是賺大錢的人，態度越謙虛。想要賺錢你就要有謙虛的態度，如此，金錢必會像水一樣，不間斷地向你湧來。

拿破崙‧希爾曾向一家公司董事長推薦一位具有相當水準的朋友。他有賺錢的頭腦，能力非常強。假若這位董事長能重用他，對公司一定有很大的幫助。

這位朋友備受董事長的信任。他所設計的商品，推出後沒多久，就受到大眾的歡迎，賺了一大筆錢。

可是，賺了錢的董事長卻沒有將紅利分給這位朋友，他得到的仍是固定的月薪而已。

打造致富的素養

這位朋友很快就被另一家同行公司「挖」走，對那位董事長也疏遠了。因此，失去了這位朋友，董事長也失去了很多賺錢的機會。

這位董事長是典型具有獨占利益觀念的人。也許他也知道這樣不好，但原始的戀財之心使他原諒了自己。這位董事長既有能力又有經驗，只是他的獨占之心限制了他的事業發展。

有些人在還沒賺錢時，也許有這樣的想法：「等賺到錢。我一定要好好回報他們。」、「要是賺了錢，我一定把其中幾分之幾拿出來，分配給大家。」可是一旦真的把錢賺到手，想法則完全改變，稍有良心的，只拿出少之又少的一部分來「犒勞」大家。這種人，太貪心，最終結局一定是眾叛親離。

就如同男女之間的關係一樣。男方一味地考慮自己，每次想的都是自己的滿足，而不顧女方是否與他一起分享快感。如此長久下去，這對男女走的必是分離的道路。

越是富有的人，越不會鋪張浪費、揮金如土；而錢少的人則往往喜歡打腫臉充胖子來擺闊。

就以旅行為例，真正的大富翁每次全家出外旅行時，穿的都是輕便的牛仔裝、球鞋。他們並沒有感到寒酸或丟人。但相反的是，每次出外旅遊的觀光者們，經常是穿金戴銀，好像唯恐天下人不知道他（她）很有錢似的。殊不知，這樣

一來，這些遊客正好成為小偷們最好的行竊對象。

事實上，越是有錢的人，往往不在乎使用廉價物品；而沒有錢的人卻怕生活使用廉價物會降低他們的身分。這種心態可說是人類的一種悲哀。

致富者的 3 大特質

在佛洛伊德所描寫的正統「肛門滯留人格（Anal retentiveness）」身上，可以發現 3 大特性，過度有條理、節儉和固執。成功致富者也有這些特質。

首先，金錢成功者以條理清晰而著名。在公事上，他們看不慣工作亂糟糟、缺乏效率的團隊成員，所以很樂意為條理而犧牲人情的體貼。

人類工作越接近絕對可測量的機械程度，這種人就越高興。他們對效率的熱情完全在生產線上實現，人類的行動化為旋轉螺絲等幾個簡單、可控制的動作。

福特公司的員工抱怨道：「工作很煩人，令人沮喪、退化，只因為薪水還不錯，我們才勉強忍耐。」

公司經理則說：「假如一切都化為簡單、重複的動作，一次不到 1 分鐘，就可以訓練每一個人來做，錯誤的可能性就可減到最低程度。」

美國曾有人試圖將工作時間降到 15 秒，使過程更簡單。

打造致富的素養

另一方面，有人則打算放棄生產線，認為把人變成自動機器太不人道了。問題並不在於利潤，因為事實證明，考慮到人性尊嚴、增加工作的滿意度，會收到無數產業上的利益。

真正的問題是，生產線對於有條有理的「肛門型人格」具有很大的誘惑力，這種人是董事會補充新血的對象。

現代商業領袖不贊成未知、不可控制的因素，他們希望每一個偶發事件都能測量、預測。這當然是錯誤的觀念。請假、罷工、裝病和健康問題最會破壞時間表，使很多預測變得毫無意義。

劍橋教授米爾斯說：「強調不斷增加的效率最違反自然法則，工人受到太大的壓力就會生病，或使用罷工來消除緊張。社會對人類自然的反效率行動，若能更容忍，一定會有更好的效果。」

不過，「肛門型」的人會告訴自己說，就因為他的桌子整齊、報告最新、統計和圖表都詳細規劃出一切，因此萬事就順利多了，至少他是如此相信。這些人成為效率狂，永遠在計算，也就是把他們特殊的成本分析表用在每一個行動上，一切都變成成本效率的問題。

這看起來似乎很合理，至少財務上如此。但是，卻忽略了個人所承受的副作用以及累積的後果。

　　當然，這種個性也有幾個明顯的優點。在很多行業裡，有條不紊是最重要的，如果我們經營銀行、保險公司和投資所，就要「肛門型」的人來掌權。其他人絕對不適合這種枯燥的工作。

　　正如一位著名的工業巨頭所說：「高層管理者的工作無論多麼重要，總是例行公事，著迷於突然狂歡的人是做不出來的，必須靜坐來思考事實和數字，並只憑這兩點來決斷策略。」

　　金錢成功者還具有我們社會認為很有用的一個優點。厄內斯特·瓊斯發現，這種人若有一分責任感，就會把一切行動賦予道德力量。他們也把這一點帶到賺錢事業上，所以它就變成一種肯定性的責任了。

　　大家都看過這種人，頻繁地在電視和報紙上用最高尚的語調談論國家所面臨的處境、個人必須接受的稅款負擔、大家所面臨的經濟需要、唯一的選擇，否則就會遭致可怕的現實等等。這種人具有強大的「事情應當如何」的感受，而且不容爭辯。

　　在他小時候養成個性的環境裡，他培養了「他必須」或「他不可以」等的習慣去做自己應該做的事情。他心裡把秩序看成一種最必要的規則，因此也要求別人必須有條理。

　　在他對責任、事情慣例和原則的信念中，我們可以看出

他小時候一定受過道德的教育，灌注了最早的紀律。他會告訴你，世上有對有錯，他從小就學會了正確的行徑。

金錢成功者的第 2 個肛門型特質是固執。這種人在賺錢場上有各式各樣的表現，比如頑強、堅毅、穩固和保守。這些特性在某些固定的金融交易和機構中，都有它們的用處。

老牌的保險公司管理大筆的鈔票。1969 年「精打細算公司」有 20 億資產，投資的事業每星期又有 200 萬的進帳。處理這些錢的人自然要有堅毅的把持度，否則他就會把這一大筆錢拿去做冒險的投資，這對靠穩定利息過退休生活的人來說，可能是一大災難。因此經營這些公司的人應該向保險客戶談他們的責任、他們的信託任務。

他們通常都盡量不從事工業上的大競爭，雖然他們往往是決定股權的投資人。他們完全根據資產負債表和股票的所得率來決定他們的行為和投資。他們保守而緩慢的行徑平衡了暴起型的人物。這種人的缺點是不願意做以前沒做過的事情，也可以這麼說，這些固執者不敢離開已定的格局。

金錢成功者的第 3 個肛門型特性是節儉。例如，保羅‧蓋迪（Jean Paul Getty）在英國蘇頓城的家中裝了一個電話費付款箱便是一個例證。卡爾‧亞伯拉罕曾治療一位守財奴的病，他不肯扣上西裝鈕扣，怕扣眼磨舊，也許他還有別的動機。不願意出錢的心理在一般不肯付帳的行為中可以看出

來。這種人一定要債主再三地催討，無論他們有多少錢，總是不願意放走一分一毫。

他們的節儉已經到了尖刻和吝嗇的地步，所以比「肛門性格」的其他特徵更明顯源自於神經系統。其他特徵則較易被社會所接受，認為合情合理。

亞伯拉罕指出，通常有丈夫嚴厲反對妻子提出的某種消費要求，拒絕的原因是負擔不起，然後卻「自顧」付出比妻子要求更大的數目。於是一道曲折的合理化過程發生了，比如他說服自己現在這筆費用可以付，因為最後反而會省錢等等。

有人買一大堆牙膏和肥皂，只因為是大跳樓的價格。有人是「消費報導」狂，一年４季都在計算最划算的買法，他們心中有各種比價的表格，能立刻找出一個暗藏的價目，比你說出奸商的姓名還要快。

在某些人的心目中，生命問題可以立刻化為數目。他們把一切歸納成數字，相信自己的行為絕對明智合理，因為他們不容自己受印象、行動、廣告或包裝所動搖。他們已經透過計算找到事實的核心。

無論某些金錢成功者的節儉行為多麼讓人無法認可，但誰也無法否認節儉對金錢成功者的積極作用。因為沒有節儉就沒有累積，沒有累積就談不上金錢的成功。

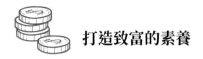

致富者的機會素養

人類發展的歷史雖然很漫長，但每個人的生命歷程卻非常短暫。在你的旅途中，機遇與成功密不可分，而且時機的掌握完全由自己決定。

說句頗為誇張的話，生命現實可以化為機會主義的意識。只要抓住機會，成功是非常簡單的。否則，你沒有掌握住 1/10,000 的機會，這個挑剔的傢伙就會從你的後門溜進來，再從你的窗戶溜走。

有時也許我們的道德本性很難認可他冷靜而大膽的作風，但是這種作風同時也激起我們對他們潛在的愛意。我們違反了自己的理智判斷，忍不住欽佩德國克魯伯軍火王朝的創立者克魯伯（Krupp）等人。

400 年前瘟疫橫行埃森（Essen），大家都想盡快逃離這座城市，克魯伯卻冷靜地買下逃亡者的土地，他們當然要不到什麼好價錢。這樣得來的土地至今仍掌握在克魯伯世家手中。

一般談論儲蓄祕訣的書籍，都提到顧客先存 20 萬元再談其他，這就如同一下子要購買數萬元以上的商品，會捨不得拿出手的。有「金錢之神」稱號的邱永漢先生曾說：「20 萬元的數額彷彿一塊金磚，實在不忍打破，在這種心理下，只要先存 20 萬元，往後再增加存款就易如反掌了。」

　　然而，一般人總是尚未存到一定的數額，就提出來購買其他零星物品，心想：反正以後再存就好了。但很遺憾的是，這些人以後往往無法履行諾言。如果能稍微克制自己的欲望，先存到 20 萬元再說，你就會發現，存 1、2 萬元實際上與 0 元無差別。一旦你存了 20 萬，那種充實感就截然不同。屆時即使想提款購買 1,000 多元的物品，也會覺得可惜，從而打消提款的念頭。

　　從一無所有到 1、2 萬，再從 1、2 萬到 10、20 萬，這期間的差距是很大的。如果你能有不想破壞整數存款的念頭，自然而然就會提高儲蓄的欲望，等到存款到達一定數額時，又會對金錢產生執著，再也不會輕易揮霍了。

　　對此，理財專家建議，當你想存 100 萬時，先以 10 萬為存錢目標，且要試著在尚未達到目標前不要提款。等目標達到了，再朝 100 萬努力，最後終能達成自己的理想。如果從一開始就把目標訂為龐大的 100 萬，或許短期內可激勵自己更努力存錢，但後來會覺得，無論多麼節衣縮食，頂多只能剩餘 1,000 多塊，而如此微小的數字與 100 萬目標的差距實在太大了，久而久之，便會失去存款的欲望。甚至覺得存 100 萬對自己而言永遠無法辦到，因而放棄存款念頭。因此，欲存 100 萬，不妨先把目標訂在 10 萬元。

　　倫敦大爆炸時也有類似的情形發生，這個人後來變成百萬富翁。他當時常常在一夜大爆炸之後打電話給經紀人說：

打造致富的素養

「脫下外衣，挽起袖子，出去買吧！你沒聽到昨夜的爆炸嗎？今天早上一定有幾筆廉價的買賣。」

這種交易須具有殘忍而出色的膽識。趁火打劫實在不值得仿效，但我們也忍不住佩服這位瘋狂大買廢墟的人。他的理論是，若國家贏了，爆炸區會具有很大的重建價值；如果國家不贏，反正一切都要失去。

戰爭一結束，這種人變成找機會的天才。如果政府不發新建築執照給危害公共安全的舊建築，他馬上肯定自己的建築危害公共安全。如果必要的話，甚至在地區測量人員召見的前一晚就帶斧頭去破壞自己的建築。

每當私人收益和公共利益相牴觸，政府就會設計出一套保障大眾利益卻又不危害個人利益的制度，但總有人找到這個制度的漏洞。

最成功的建築商並不是最會設計房子、讓我們生活格調產生深遠變化的人，而是那些熟悉法律和規定，且能避開它們的人。

新英格蘭場所用的新建築中，容納人數超過地方當局認可密度的 1 倍。分區規則所許可的建築與地坪之比是 7：2，該地的比率卻達到 7：1。開發商只是和其他許多人一樣，利用舊樓可擴大體積的條款。

這則條款的原意是古老建築空間多半浪費，例如寬樓

梯、高天花板、大房間，加上可以加 1/10 的空間，重建卻使原有的密度增加了 1 倍。

這只是成功者用合法方式賺錢的許多例子之一。有位建築師很擅長這一套，所以地方當局說，他們要等他找出空隙，再去填塞漏洞。

有人靠這種聰明卻能大賺一筆。例如在美國，你可以用「稅金錢」來鑽油，即石油出產人可以把 27.5% 的收入列為「消費許可」，當然少不了某些附加條件。也就是說，100 萬元的收入中，27.5 萬元可用各種方式免稅。鑽到乾井的費用可以完全扣除。如果你收入很高，你就碰碰運氣，試試所謂的「稅金錢」辦法。有一個經紀人解釋：「稅金錢就是在正常情況下該繳給國稅服務處的錢。」

用金錢鑽油的人，每 1 塊錢就有 2.75 角免稅。再加上其他正常的減免，結果投資人每 1 塊錢就有 3.5 角免稅。如果他不投資在石油上，照規矩繳稅，只能獲得 1/10 的減免。如果投資失敗，挖到乾井，一切損失，包括無形的費用，全部從總收入中扣除。對任何一個高稅額的人來說，這是政府補助的賭博。

實際的結果可以由 1957 年伊利諾州參議員的議會演講上看出。他列出 10 年期間，27 家石油瓦斯公司的所得數字，及他們付給聯邦的稅款。有一家公司淨收入 2,100 萬元，付

稅 125 萬元，也就是 5.9％，而一般稅率是 52％。另一家公司 1951 年淨收入 450 萬元，只付了 400 元稅金。

參議員指出，這些公司的稅金錢比一對總收入 5,600 元、有 3 個親屬要扶養的夫妻繳的稅還少。甚至還有一家公司賺 1,250 萬元，不但不必繳稅，還拿到 50 萬元的稅金款。

想靈活地運用機會的手腕，就必須有尋找機會的興趣。有人喜歡那樣，也有人根本不喜歡。

喬治‧西屋（George Westinghouse）和尼古拉‧特斯拉（Nikola Tesla）這兩位投資人所發生的故事，正好表明個性上的差異。2 人都有特殊的才華。當時唯一的電力就是愛迪生的直流電，用電力源頭送電只能輸送很短的距離，特斯拉發明了他的多相交流電系統，可以輸送 1,000 倍的電力，且輸送距離可以很遠。

愛迪生看不出特斯拉的交流電有什麼優點，但是西屋卻看到了。他聽說這個發明，立刻跑去找特斯拉，花 100 萬元買了下來。在 1887 年這已是很大的數目。此外，每產生 1 馬力電力，特斯拉還可以得到 1 塊錢。特斯拉不是生意人，他把專利權賣掉，後來還同意放棄他的特權。

不過 100 萬元看起來還算是很優厚的。但他的傳記作家約翰‧奧尼爾計算說，放棄這份特權，特斯拉損失了 1,200 萬元。後來他竟然窮困潦倒而死，今天他的名字也很少有人記

得了。但是西屋卻在冰箱和其他電氣用品上永垂不朽,而其商業價值就是靠特斯拉發明的交流電系統建立的。

大家對西屋的做法欽佩有加,因為靠別人的腦汁發財是很聰明的。聰明是我們大家自許可以做到的事情。天才卻不同,一般人都不會自以為是天才。

這是成功者聚集財富的精華,他所做的事,我們覺得只要有機會,我們也完全可以做。

一位美麗的加州女政論家所做的事,我們完全可以做。英國開始成立商業電視的時候,大家對它的前途都很悲觀。但是蘇珊娜·華納確信其前途不可限量,就去勸說一位戲院經理葛萊德。其實她只告訴他,如果他能賺 100 萬鎊,她可以籌 200 萬鎊來推動這個計畫。

快樂的華納小姐當時只有 20 幾歲,她怎麼有辦法籌 200 萬鎊給葛萊德?原來,華納小姐認識一位很受歡迎的醫生,他的顧客中有一位是華伯格商業銀行的大股東。

華納小姐是一個聰明人。她透過醫生的介紹,去找那位銀行家,她的計畫極有說服力,使銀行大股東相信英國的商業電視前途似錦。她又找了範巴內爾及李特勒王子,由此產生了最大的新電視公司 —— ATV。最後,華納小姐抽出創始人的股份,她因此賺了一筆不小的財富。

幾年後重發執照,一位更有能耐的經紀人大衛·福洛斯

特打電話給奇異公司總經理阿諾‧韋恩史多克，不透過介紹（名氣大，沒必要），就建議他設立財團，申請一條商業線路。韋恩史多克幾乎沒思考就參加了。有了一位後臺老闆上場，大衛又去找其他人，有人回絕了，但這種人不會輕易受挫。

最後，他得到帝國菸草基金、巴底銀行團、珍珠保險、倫敦合作協會、馬利亞學院、牛津大學、出版商維登費爾和尼可生、紙張團體和波威特公司等團體和個人的支持。

就這樣，錢很快就累積起來，湊足了成立公司所需的650萬鎊。後來ITA接受了財團的申請，變成倫敦週末電視公司。大衛並沒有白忙，他個人在公司的股份突然由名義上的7.5萬鎊升到40萬鎊左右。

機會是不會上門找人的。如果你沒有去尋找它，就算機會上門了，它也會從空隙中溜掉的。這就是金錢成功者的機會精華。只要抓住機會，人人都可以金錢成功的。

致富源於健康的人格

提起致富，沒有人不感興趣。因為只有致富，人們才能提高生活品質。

儘管人們心中多多少少覺得談論金錢很噁心，但都渴望儘早致富，於是就有越來越多的人，或辭職來個破釜沉舟；

或兼職攻防兼顧；也有的人因被辭退而待業，迫於生計無奈而投入商海，收穫卻很豐富。

這些人有的躋身於富豪之列，多半也都達到了小康水準。他們的成功表明，致富已不再是少數人擁有的專利，人人都有成功的機遇，只要你能準確把握。

隨著人們的生活水準日漸提高，越來越多人想在已有的資金累積基礎上，圖謀更大的發展。這種願望雖好，但是在我們看來，窮富之間似乎有一條跨越不了的鴻溝。本來是貧困的，現在多半仍是貧困；原來是富裕的，現在多半仍富裕。這種既尷尬又難堪的局面，成為我們要努力試圖改變的目標。但首先我們應該要面對的不是如何去扭轉它，而應該是去全面的認識它。那麼，致富的涵義是什麼呢？

致富是一個具有較為完整人格或具有完善趨向的人，把自己內心的潛能透過外顯行為釋放或表現出來的過程。

每個致力於致富的人，都應了解自己的個性特點，揚長避短，在致富過程中不斷完善自己的個性。從對許多傑出人物的研究可以發現，他們的人格因素中不乏極其典型的健康因素，有些甚至超越了他們所處的時代文化與精神，但並不完美。只是他們在創造成就和財富中，絲毫沒有忽視對自己情感的不斷豐富。嚴格來說，他們在創造財富的過程中，都有其努力追求的健康人格目標。

打造致富的素養

　　心理學家馬斯洛（Abraham Harold Maslow）將自己的生命奉獻於如何最能充分發揮人的潛能的研究，他認為只有在滿足低層級的需求後，那些高層級的需求才會出現。當一個人已經成功地滿足了基本需求後，他的能量就能更投入於自我實現。但自我實現不能把實現自我當成一個目標來追求，它往往是把才能積極投身於自我之外事業的副產品，這個事業既是致富的過程，也可以是對美、真理、正義探索的過程。生活中如果沒有這些過程，即使他擁有無數金錢，一個人也很可能會感到厭煩、空虛。

致富者的自信加快賺錢的步伐

　　商場上千變萬化，不管發生什麼事，金錢成功者自我理想化的能力都是一樣的，他把任何生意都化為十字軍的聖戰，而且，高尚的情操不容干擾到賺錢的事業。

　　在汽車老闆多納・斯托克斯（Donald Stokes）眼中，他的利蘭公司（British Leyland）和前英國汽車公司（The British Motor Corporation Limited）的合併是為了國家的利益。他用魔鬼的手段排除了擋路的人，而且一點也沒有受到良心的譴責。

　　英國汽車公司的首腦喬治・哈里曼（George Harriman）就這樣慢慢地陷入無法防守的境地，然後被「趕出去」。在投

降的那一刻,即將簽約放棄權力和地位時,被挫敗的汽車首腦生病了,被送到了倫敦診所。血壓高得嚇人,醫生要他完全休息 2 週。第 2 天,在診所裡,他在半昏半醒的狀態下終於簽字了。

在日後變成爵士的斯托克斯人生哲學裡,這種商業技巧是為了大英工業的更高目標,所以並沒有什麼不妥。

今天,很多的環境汙染和資源匱乏,都是 19 世紀中期到 20 世紀中期的金錢成功者假借擴展人類知識領域、利用地球能源、創造財富或發揮人類探索行動等藉口造成的。

伯尼·康費爾曾在瑞士坐過牢,他在服刑時寫信告訴他的推銷人員:「不要自以為是推銷員或商業代表,而要自視為傳教士、博愛主義者或政治家。」

在美國的大商業傳統中,曾有不少強人為傑出的銷售數字而狂歡、哭泣。公司的團歌使總經理感動得為公司賣命,就像軍人甘願殉國一樣。高談闊論、盛大的開幕典禮、地位的象徵、漂亮的祕書、嚴肅的哈佛助手、安慰戰士休假的應召女郎,這一切進展和交易的陷阱都是用來鞏固賺錢的浪漫肖像。

「推銷員變成了獵人,」有一份 ISO(國際標準化組織)的報告談到最後階段的銷售競爭時說,「1,216 位獵人圍攻最後的林區,獵財史上從來沒有這麼轟轟烈烈的叢林哨音。」

打造致富的素養

金錢成功者假如沒有自我理想化的技巧，幾乎沒有幾個成功者敢面對自己。無論做什麼，他必須使生意迷人、有價值，否則，他怎麼會產銷美國食品藥物管理局判定沒有衛生效果、甚至可能有害的陰道除臭劑，而且每年在美國銷售業績達到 5,000 萬元呢？終年生產、銷售香菸的人又怎麼能安心活下去呢？

當一個人的產品沒有多少用處，或對人體有害，賺錢的浪漫神話就將取代創造和服務他人的正常滿足與歡樂。

密爾頓（John Milton）在《失樂園》（Paradise Lost）中描述一群被「財魔」教壞的人：「……用不虔誠的手掠奪他們大地母親的內臟，尋找蘊藏的財寶。」

對自己隱瞞金錢動機，他只注視迷人的大計畫，而且會不擇手段。如果尋找「傳說中的寶城」需要如此，那他就敢於冒最大的風險。

大財富的渴求最初起源於嬰兒對無窮外在資源的渴望。因此，我們可以斷言，金錢成功者是曾經認知這種資源，從此就一直幻想再得到這種資源的人。

記憶中的完美情況屬於他過去支配一切的時光，那時他曾經擁有供應一切的資源。豐富的胸脯屬於他，而且充滿奶水，他簡直富有到極點。

就在這個貪婪、占有欲極強的任性小孩身上，未來富翁

和獨占家的特質都已有了先兆，往後的侵占技巧也許會文雅點、進步些。

但是，在生命最初幾個月，這種個性卻非常粗野，想要擁有並控制無數的資源，堅信自己有力量如此，他的力量就是利用靈巧的舌頭，無情地摧毀敵對者，把自己和母親胸脯的特殊關係美化成偉大的傳奇。餵得這麼飽，這麼受縱容，一定有一個很慈愛的母親，而先決條件一定是自己夠可愛。

由於曾經獲得如此完美的愛，使他成為一個完美主義者，永遠渴望無窮的資源。又因為世人不可能達到這一點，所以，他通常在金錢中尋找滿足。這種人必須一直收獲豐富的報酬，才能有被愛的感覺。他要在世上尋找那份報酬，而且為他的行動加上最高的動機。

挖掘石油、瓦斯、銀、金、鈾，或開發出橫掃市場的產品，或大撈一筆，都使他覺得很快樂，不管這種成功有沒有真正的價值。因為在他眼中，這些都是慈愛命運垂憐的報酬。

他尋求的不是有錢的狀況，而是富足的經驗，因此他勇往直前，他要讓公司擴展成更大的單位、他要增加利潤、他要打開新的貿易領域。

他堅信自己肩負一項使命，無論是推廣一種南方炸雞也好，還是用刮鬍泡使世界成為更芬芳的居所也好。他的摩天

大樓改善了天空線條，他那空空的辦公樓區是他的紀念碑，就算面對他所積聚的一大堆過剩的財富，以及他所製造的無用物品，他認為自己的財產仍然不算多，正如沒有人會嫌愛多一樣。

金錢成功者是非常有自信的，認為他的要求都可以得到。他不僅在思想上如此，而且會把這種大信心和大權威用在行動中、用在日常關係裡。於是，他內外統一，渴求的財富當然會來。也可以這樣說，勝利成為他生活的常態。在人類歷史上，無數事例證明，優柔寡斷的人根本無法贏得真正的成功，因為他沒有信心下決定。一個沒有自信心的人，會有金錢流向他嗎？

不管是喜歡空想的發明家，還是拓荒的企業家，金錢成功者都確信自己可以得到巨大財富。

致富者的人脈是金脈

金錢成功者是現實主義者。他們了解生命的基本統計數字，不會愚弄自己。他也知道美國一種新事業的平均期望值是 6 年；1900 ～ 1940 年新事業的失敗率是 85％；在一個如此強力追求成功的文化裡，大多數人的經驗卻是失敗的。他們也知道，世上沒有所謂大眾的資本主義。

假如將美國所有的私人財產平均分配給 1.03 億成年人，

則每個人大約只擁有 1 萬元的日常物品，也就是幾件家具、一部舊車、衣服和幾樣私人財產而已。這是世界上最富國平均分配的結果。

即使沒有機構統計這些數字，成功者也天生曉得這一點。而且他們還知道，現在的富翁比以前任何時代都多。

根據美國財政部的權威統計，1965 年百萬富翁的人數大約有 9 萬人。聯邦後援會和戶口調查局說，1962 年，資產 50 萬元以上的家庭有 20 萬戶。想想過去 10 年來的通貨膨脹率，現在百萬富翁一定不只 20 萬名。1953 年，美國的百萬富翁有 2.7 萬人，這表示 20 年來，有 17 萬左右的家庭登上神祕的富翁榜，每年平均有 1,000 名左右。

這份統計比失敗率更令成功者動心。如果有 1,000 人辦得到，他也可以辦到！金錢不是公平分配的東西，你若想分配到多一點，你只能自己努力爭取。

每一個成功的人之所以成功，是因為他有很好的人脈，即有別人幫忙與肯定。可以這樣說，人脈就是錢脈。這就是金錢成功者的態度。

18 ～ 19 世紀，這種情況在貴族的沙龍中開展得異常活躍。也就是所謂的打入社交圈。

現在我們看看道格‧黑伍德的故事，他已成為倫敦最時髦的男裝設計師，也是該城最好的餐館俱樂部股東。

打造致富的素養

　　道格‧黑伍德來自工人家庭，父親是名汽鍋清理員。他20出頭時，擔任一家裁縫店的管理人員，突然想到：「你若要成功，就必須玩富翁的遊戲。」

　　他曾經瞥見過富翁的生活，因為他的大姨嫁給了公司的一位董事。他有時也應邀赴宴，大家偶爾和他說話，但是根本沒有人注意他說些什麼。

　　就這樣，他決定自創事業，讓自己成功。首先，他改變自己的工人階級口音，他一心一意模仿他在董事家中遇到客人的舉止。他也學習談吐方式和該談的話題。比如，談到在馬爾摩開業（當時他確實在那裡），但是不要提及店面很小、和沒有窗戶的地下室小房間。

　　模仿成功者，也是追求成功的人不可忽略的一個面向。很明顯，黑伍德非常清楚這一點。

　　有一次，黑伍德透過朋友介紹，被請到一位古怪製片人的套房中。這時他閱歷已深，知道要成功必須顯出成功的樣子，卻又不能顯得太成功。他了解大人物施惠的欲望。

　　大製片的塑造情結不僅局限於演員，裁縫當然也有被塑造的可能，因為製片自以為可以栽培富翁。拒絕讓別人滿足他內心的渴望，這是成功者應忌諱的一點。

　　黑伍德成功了，他的顧客多了起來。他替電影明星做衣服，他學會了討好人。他從來不叫客人到他店裡去，因為地

下室小房間會露出馬腳，但卻堅持要去拜訪客人。他也知道客人到裁縫店去量身很不自在，在他們自己家裡，對談淺酌一番之後，情況就會有所不同了，他們很可能一訂就是5、6件。

後來，他的生意非常興隆，他又開了一家餐館俱樂部，讓那些找他做衣服的名人去吃飯。然後又開了一家理髮店，理髮的還是那些人。

黑伍德成功的哲學在於他體會到：「在遊戲的團體中，非常好的衣服和馬馬虎虎過得去的衣服並沒有太大的差別，重要的是隨時誘惑別人才是最重要的。我們生存在大家崇拜端正臉孔的時代，其他裁縫也許很偉大，也許比我做衣服做的更好，但是他沒有那麼多機會。我發現了空隙，而且知道如何取得成功。」

一旦你進入情境，就是「在恰當的時間說該說的話，在恰當的時間出現在適當地點」的問題了。

現在黑伍德賺錢速度很快，他的生意利潤已變成其他企業性的投資。他說：「只要你熱誠、活躍、一絲不苟，你的生意就可以維持……。」

道格・黑伍德以鋪設人脈的本事起家，並知道該如何繼續成功。

顯然，金錢成功者都是非常了解現實的人，能夠理智地

對待生存狀態，沒有因命運的不公而哭喊或仇恨。只有坦然地對待這些，你才能心平氣和地面對現實，並發揮自己的潛能。這是追求成功的人應該謹慎對待的一點。

獲取金錢的「磁性」

在現實生活中，有這種人，他們把賺錢看成玩老鼠——利用打擊別人的方法來賺錢，潛意識的含義就是用非法或不道德的手段謀生，用侵略性、非法的手段賺錢。在這類人的心目中，老鼠是不得已的生命狀態，周圍的人都是鼠類，除此之外，別無他法。

這類人是最優秀的叛徒，他們早已忘記了自己原來的皮毛是什麼樣子。

這種性格源於何處呢？從他們榨取的手法來看，我們可以推測，他在嬰兒期一定是假裝沒吃而要人餵 2 次的惡魔，否則就是想辦法讓適用別人的規則不用在他身上。他兒時一定用厚臉皮、魅力、諂媚和狡猾等方式達到自己的目的。

他之所以用這些方法，是因為這是唯一的途徑。這表示他已意識到不能靠別人的愛心來支持他，也許他自己對他們也沒有感情。

也許他的環境缺乏愛，那麼他用詭計和小聰明來求生就可以歸於外部因素了。他一再發現生命的基礎是互相利用，

在他的心目中，世上根本沒有利他主義，沒有人做事是不求代價的。既然大部分人都以這些原則來建立（他並不是唯一的騙子），他很容易就會找到人物和環境來證明他的理論，所以更堅信自己必須比別人奸詐才能生存。

他對別人的恩惠很難信賴，因為他自己不仁慈，也無法相信別人的善意。在這種情況下，他把一切信念都寄託在金錢上，那是他唯一信任的東西。至少錢可以買到他需要的部分物品，而且他已證明了它的功效。

至於生命中更美好的東西，他承認金錢也許買不到，但是有一天等他賺夠了，他就要脫離鼠界，專心追求他現在無法接觸的美好事物。他要多花一點時間來陪家人，他要旅行、退休、教育自己、聽音樂、進入政治圈，改善腐敗的制度，以免別人再重蹈他的覆轍。

然而，這些理想不斷延宕擱置，不知怎麼回事，他永遠都賺不夠。即使賺了一座大金山，他還是催促自己賺下去，既然一切已犧牲，要他輕易罷手是很困難的。好運當頭，他不能輕易放掉，生命如此短暫，他永遠找不到這麼好的機會了。於是一切仍都繼續下去。

錢既然有這麼大的用途，能帶給人富裕的生活。很顯然，為了錢什麼都能做。就這樣，他們越來越粗魯了。

現在不只是出現和受歡迎的問題，而是取代別人的問題

了。因為一個人爬上去，就一定會有人敗下來。一位美國商人與一個實力雄厚的投資合夥人的例子可以證明這一點。

有一次，一位商人去找投資家，並徹底查看了對方提出的有價證券，他馬上看出對方的大概個性，這是投資策略便可感覺到的。他也看出他股票上所反映的愚蠢和錯誤，立刻決定不再與他合作。但是他很喜歡投資家的房子，問他肯不肯賣。那個人說他不肯賣，但是若達到某個程度他就願意。價格太高了，商人沒有出價；他太太說她實在很想要那棟房子，也許他們可以出得起那個價錢。他答道：「我們會以我們的價格得到這棟房子的。」

6個月後，他以合理的數目買到了那間房子。他事先怎麼會知道呢？他解釋說：「我由他的有價證券看出他會有困難，那麼他就不得不賣房子了。等他需要賣的時候，他會回來找我，並對我出的價錢感激不盡。」

於是，這位仁兄買到了理想房子，和妻子、家人快快樂樂地住進去了。他們不會為別人不幸、自己獲利而難過。因為他認為對方也會同樣對待他，並以這一點來安慰自己。

比賽越來越粗野了。有成就力量的人自以為可以稱王，要別人替他們服務。其他人則無爭辯地接受，因為大王丟給他們免費的醇酒、女人和金錢。

利用自己的地位並沒有什麼特別之處，這種手法人人會

用。美國某報紙的專欄創始人也曾經用這種手法壓迫別人，比如要女孩子陪睡，以換取他在專欄中提及她的名字。他隨心所欲地捧人或損人，只因為那份報紙很暢銷。有很長一段時間，他一直是世上最高薪的記者。他活在刁鑽世界的顛峰，他不但記錄這類型的人，而且也是這種人的典型。

這種人以現實主義者自居，認為事情就是這樣。當然，從他們的觀點可知，生命就是那個樣子，且一切都能證明這點。他們肯定自己活在叢林社會裡，不是欺騙人，就是被欺騙，只有傻瓜才會白白做事。

事實上，他們創造了自己的世界，並隨時帶在身邊。毫無疑問，他們所信仰的一切都像靈驗的預言。

對於活在刁鑽世界裡面的人來說，那一定就是整個世界、整個人類了。因為最基本的法則是，你會吸入自己呼出的空氣。如果你把空氣變酸了，你聞到的一切都有酸味。佛洛伊德寫道：「自我把造成痛苦的東西都推到外在世界去了。」

這是投射的基礎。換句話說，人們會把他們所不能忍受的自我推到別人身上。這是心靈投射的技巧，把內在的危險向外釋放，移開遠一點就會覺得不那麼危險了。

這是將內在無形威脅幻化成外在形體的方法。被自己殘忍本性所威脅的人，把這一切都推給他所居住的無情世界，

然後設法比「他們」更無情，以保衛自己。

當他使自己成為他們所害怕的人物，他自己就覺得更可怕。於是，他又不得不把這個內在的大恐懼投射出去，世界變得更加可怕、更具威脅、更無情了。為了應付一切，他不得不更加殘忍。

假如大多數人都這麼做，大家就可以了解鬼魅為什麼會變成真的，為什麼很多人會同時看見鬼了。如果被自己無情本性所威脅的人把這種本性投射到他人身上，就會有一場大賽局，而且連續不斷。如果你不夠殘忍，根本贏不了，因為根據經驗，只有比他人殘忍的人才能獲勝。這種人一定要殘忍到極點，他又不得不把一切都投射出去，從而使世界更加殘酷。

然而，對於有能力使空氣變甜的人來說，空氣確實是非常甜美的。個人若不把無情的殘忍心靈投射到外面，而是容納它、忍受它、改善它，就不覺得自己活在無情的世界中了。他接受了較溫和的外在現實，他的內在情境也會變得安全些，他的殘忍就可以受到修改或限制了。

最終，這類人是很不幸的，他們難免不會被淘汰，因為總會有更加卓越的大王出現。即使他們能賺到金錢，他們也不是真實意義的成功。因為真正的金錢成功者具有仁慈、愛等特質，他們只會把空氣變得更甜，而不會使其變酸。因為

只有充滿真愛的日子才叫生活，只有充滿愛，才能享受生活。愛他人、愛周圍的環境、愛社會，這也是金錢成功者不可或缺的特質，否則，他絕不會積聚到更多的金錢。

偉大的富豪能聚積更大財富

實踐節儉的方法很簡單。賺多花少，這是第 1 條原則。一定比例的收入應該用於將來。賺少花多的人必定是傻瓜。法律對待揮金如土的人與對待瘋子的做法很接近，常取消他們管理自己事務的資格。

第 2 條原則是要支付現款，不要在任何地方欠債。債務纏身的人喜歡欺騙他人，容易變得不誠實。償還債務的人會使他本身變得富有。

第 3 條原則是不要預計還不確定的利潤，並在錢到手前就把它們花掉。因為利潤未必能到手，這樣你就會債務纏身且有可能永遠難以自拔。債務會壓垮你的雙肩。

節儉的另一個方法是把你的所得和開銷做成定期的帳目。一個規劃得當的人事先就知道他要什麼，並能為這些東西拿出必要的錢。家庭預算能夠平衡，他的開銷也必能以收入為界。

節儉的精確限度是難以確定的。培根說過，人應該量入為出，開銷不應超過收入的 1/2，剩下的應積蓄起來。但這

打造致富的素養

麼做可能太精確了,培根自己都無法做到,一個人收入的多少應花在房租上?這取決於環境。在鄉下是 1/10,在倫敦是 1/6。無論如何,省得越多花得越少,那儲蓄就越多。可以補救第 1 次所犯的錯誤,但以後的錯誤補救起來就沒那麼容易了。對於那些很大的家庭來說,積蓄的錢越多,就越有利。

節儉很有必要,這對中等收入者和相當貧窮的人都一樣。不節儉就不會慷慨,因為他不能參加社會上的任何慈善工作。如果他把收入都花光了,他就無力幫助任何人。他不能以適當的方式來教育孩子,讓他們有一處適當的生活與事業的起點。培根的例子說明,即使擁有最高超的才智,忽略節儉也同樣是危險的。而每天都有成千上萬的證據證明,即使智力最一般的人也能成功地實踐節儉這一美德。

雖然英國人是勤勞、努力工作、通常也是自我克制的民族,他們也肯定能以自身及努力在世界上得到相應的地位並獲得發展,但他們有點忽視能改善狀況並確保社會福利的某些最好的有用方法。他們在做到性情溫和、節儉樸素和深謀遠慮上,接受的教育還不夠。他們為現在而活,極少考慮將來。身為丈夫和父親,如果他們供給了現在的家庭所需,而沒有考慮半來,那麼他們通常被認為已經盡到了責任。英國人雖然很勤勞,卻缺乏遠見;雖然很能賺錢,卻揮金如土。他們並未做到足夠的深謀遠慮、缺乏節儉。

然而各行各業的人們受這種想法的影響太少了。他們習慣入不敷出 —— 至多是收支相抵。上流社會在炫耀生活，他們必須保持「社會地位」，他們必須擁有毫華的住宅、漂亮的馬匹和馬車，吃山珍海味、喝名酒，女人們必須要穿昂貴華麗的衣服。這樣，奢侈浪費的做法不顧一切，卻往往讓人心碎，使希望破滅，使雄心受挫。

「上梁不正下梁歪」。中產階級努力模仿貴族氣派，他們要裝修住宅，穿華麗的衣服，幫馬車加上豪華的布篷。他們的女兒要學習「家政」，關注「上流社會」，騎馬駕車，經常去歌劇院和戲院。炫耀一時風行，人們相互比較，各種荒唐有害的做法一浪高過一浪。這樣的惡習還在蔓延。

對於勞動階級來說，他們收入更少，而且剛好收支相抵。但只要他們有點錢，他們就很少考慮到如何對付以後可能的艱難歲月；一旦不幸真的降臨，就只有家徒四壁的房子能達到遮風避雨的作用，但這並不能解決物品的匱乏。

因貪婪而吝嗇與因節儉而省錢是完全不同的。省錢的做法都是一樣的 —— 不要浪費、節省每一樣東西，但目的差別很大。吝嗇鬼的唯一快樂來源是吝嗇，節儉精明的人在享受和舒適上花的錢以他的承擔能力為限，而剩下的則要為將來而積蓄。貪婪的人把金子視為神物、視為他的生命，對之頂禮膜拜；而節儉的人把金子視為有用的工具，視為提高他個

打造致富的素養

人以及家人福利的手段。吝嗇鬼從不滿足、貪得無厭，他累積的財富遠遠超過他能花費的程度，但往往死後那些財富被他人揮霍一空，尤其是揮金如土的浪蕩子；而節儉的人沒有想過累積多少財富，而是著眼於在財富和舒適方面都確保得到相對公平的程度。

節儉地支配收入是所有人的職責，年輕人和老人都一樣。如果一個人結婚了呢？履行節儉的義務就更有約束力了，他的妻兒是他這麼做強而有力的理由。萬一他太早過世，難道要讓妻兒在這個無助的世界上掙扎嗎？

慈善之手是冰冷的，施捨得來的東西與勤勉、艱苦勞動、誠實的積蓄所獲得的東西相比，一文不值，後者本身就意味著福祉和舒適，而且不會對無助者和一無所有的人造成傷害。因此要讓每一個能這麼做的人努力地去節約和儲蓄，不要揮霍浪費，要讓他的小小積蓄豐厚起來，這就有助於增加他本人，以及他過世後其家人的幸福。

在為了有價值的目標而節儉金錢這個努力過程中體現了尊嚴，即使這種努力最後並沒有取得成功。它產生了井井有條的想法，使節儉戰勝了奢侈浪費，使美德戰勝了邪惡；它能控制激情、消除憂慮，確保舒適的生活。

節省金錢，即使不多，也可以少流很多眼淚，避免痛苦與心神不安，否則的話這些痛苦與不安就會降臨到我們頭

上。擁有一小筆錢，人的步伐就能更為輕鬆，心臟也跳得更加歡快。當發生失業或不幸降臨時，他能夠泰然地面對這一切，他可能依靠自己的資本，而避免或中止情況的惡化。透過節儉樸素，我們認知到一個人的尊嚴，生活將成為一種福祉，而晚年也將享有尊榮。

當我們走到生命終點時，我們會意識到我們並未給社會增加負擔，或許恰恰相反，我們成為社會的財富與榮耀；而且還會意識到，由於我們的自立，孩子們會以我們為榜樣，並得到我們留給他們的財富，這樣他們就會以快樂和自立的方式生活在世界上。

人生的第一職責是發展、教育和提升自我，同時也要以合理的方式來幫助自立的人。每個人所共有的自由意志和自由行動的能力都很大；這一事實已經有很多例子可證明，他們最初的環境非常不幸，但他們成功地在逆境中抗爭，並克服了困難；他們從社會最底層和貧困的深淵中脫穎而出，彷彿是為了證明充沛的精力、堅定的目標就可以在社會中獲得上升、發展與進步。難道人性的偉大、社會的榮耀、國家的力量不正是勇於面對，並克服艱難困苦的結果嗎？

一個人決心要成功時，他已經跨出了成功的第一步，良好的開端是成功的一半，正是在發展自己的過程中他才最有可能推動他人的利益。他給別人最有說服力的說法，而榜樣

的力量與言詞的教誨相比，更具有感染力。他做的事，其他人爭相仿效，以他為榜樣，他以最令人難忘的方式教會了別人要履行自我改造和自我提高的職責，如果多數人像他那樣做，總體上來說社會將會變得開明、幸福、甚至繁榮！社會是由個人組成的，因此社會的幸福與繁榮（或者與之相反）程度是與組成社會的個人狀況相一致的。

對社會待遇不公的抱怨自古以來就有。在色諾芬（Xenophon）的著作中，蘇格拉底問：「為何有的人生活富裕而且有所積蓄，但其他人連生活必需品都很匱乏，且同時債務纏身？」答道：「原因在於前者專注於他們的事業，而後者卻對事業不加考慮。」

大部分情況下，人的差別基於才智、行動與精力。最優秀的品格從來不會碰巧出現，而是在美德、節儉與深謀遠慮的影響下造就的。

當然，世界上還有很多人在犯錯。那些指望別人垂青而不是自力更生的人難以成功。吝嗇鬼、無足輕重的人、揮金如土和鋪張浪費的人必定會失敗。事實上大多數人的失敗是他們本身應得的。他們以錯誤的方式來安排工作，而經驗好像對他們沒有任何幫助。

其實，運氣並不像有些人想的那樣，能產生如此大的作用。幸運只不過是實際事務有效管理的代名詞罷了。黎塞留

過去常說他不會繼續僱傭一個不幸的人 —— 換句話說，即一個缺乏實際能力、不能從經驗中得到助益的人。過去的失敗常常是未來失敗的徵兆。

在現實生活中，我們希望一切條件都已就緒，而不是為它作準備。我們自然會喜歡目標清晰並能以迅捷直接的方式達到目標的人；喜歡那些能以生動語言描繪做事步驟的人。

成功的願望，即使是累積財富的願望，並不是沒有用處的。毫無疑問，人的內心深處總希望變好而不是變壞。事實上，累積財富的願望構成了人類社會不斷發展的重要動力之一。

它為個人的精力與活力提供了堅實的基礎，它是海運和工商企業的開端；它是勤勞同時也是自立的基石；它鞭策人們努力工作、從事發明且去超越別人。

沒有一個懶惰的人或奢侈浪費的人最後會成為偉人。而正是在那些珍惜一分一秒的人之中，我們發現了推動這個世界發展的人 —— 透過他們的知識、他們的科學或創造發明。勞動是生存的一種條件。「勞動是神強加於子民身上的負擔」，這一思想自矇昧時代以來就為人所知。

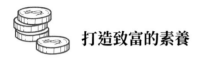

打造致富的素養

累積財富的法則

累積財富的法則

貧窮能夠造就富翁的欲望

「成為富翁的條件是什麼？」

若有人這樣問我，我會毫不考慮地回答：「貧窮。」

人若是曾被貧窮折磨，對財富的欲望和毅力會比別人強，構想才會不斷湧出，並有超群的行動力。

僑居各地的華人，是其中最好的例子。

「他們很會做生意！」常聽人這麼說，但一定有其理由。

以在日華僑的情況為例，因戰爭、相繼而來的天災、人口過剩等諸多因素，常受到生活的折磨，自 19 世紀後半葉開始，他們紛紛離開祖國，到國外尋找新地點謀生，所受的只是和祖國不同的苦罷了！

先是舉目無親，其次是語言不通。因為是外國人，就職也不盡人意，還會受到迫害及歧視，等於處於四面楚歌的狀態。他們背負著的不利條件遠非日本人所能比擬，但這樣的逆境對他們的成功有很大的幫助。

他們知道「這個世界除了自己和錢之外，沒有什麼可以依靠」，於是不分晝夜，拚命地工作，拚命地絞盡腦汁，因此，他們獲得了生涯最好的方法，就是所謂「華僑商法」。

他們之所以被稱為商業高手，是因在國外貧困、無法依靠的生涯引發的「危機感」造成的。

1936 年，吳先生身無分文地來到日本。他在目黑區一家

中華料理店當廚師，在那裡練出一手好廚藝。戰爭結束後，吳先生在新橋火災後的廢墟開了食堂，所謂的食堂只不過是改造的小木屋，十分簡陋。這家食堂非常受歡迎，當時處於戰後的環境，食物很少，他的生意越來越興隆。

建下產業後，吳先生利用這筆資金，在新橋車站前的好地段開了「新橋亭」，獲得很大成功。

在陌生國度奮鬥置產的吳先生，又著手擴充生意，經營小鋼珠及音樂咖啡廳，最終在東京的市中心蓋起了高樓大廈。

在日本的韓國人也跟華僑一樣走相同的路。不可避免地，在陌生的國度裡，他們也受到迫害和歧視，在貧困的折磨下，將痛苦的經驗轉成力量，大多數的韓僑，也獲得了成功。

就像這樣，逆境、危機感、一貧如洗等，會成為召來財富的最大原動力。

假如你現在很貧窮，不要悲嘆自己的生涯，不只如此，還應抱持喜悅之心才對。

朝日新聞的記者問卡西歐電腦（Casio Computer Company）社長樫尾忠雄先生：「獲得成功的祕訣是什麼？」

樫尾忠雄回答：「當然是貧窮。」

他也如此述說：「我切身體會到，貧窮是父母親所留下最大的財產。因為貧窮，使人想到要奮發圖強，從身無分

文、白手起家創立事業，最終目的就是要趕快從貧窮中脫離嘛！我以前最常想的就是，要過像樣的生活，要吃像樣的食物⋯⋯。」

卡西歐社長是基於貧困的原動力，才創設公司，使該公司成為東京證券交易所第 1 個上市的公司，是相當了不起的發展。

確實，貧窮是成為富翁的要因之一，可以說貧窮為富有之母。

貧窮沒有美德可言。貧窮和其他的「心病」一樣，也是一種疾病。

如果你生病了，你一定會認為自己身體的某些部分不對勁，然後立刻向別人求助，做某種適當的處置。

同樣的道理，如果在你的生活中，財富不能充分循環，那麼一定是你的某些部分發生問題。

你的生命原理，原則上是指向更富裕的生活，而貧窮違反了生命本來的欲求，你絕不是為了今天在茅屋中，穿著襤褸的衣服，餓著肚子過日子，而出生在這個世界上的。

你應該過著幸福及更富足、更成功的生活才對！

可是過去有許多宗教和哲學，都讚美貧窮是一種美德，事實上這種看法，只會在特殊的情況下產生。

說起來這種想法，其實是一種自我安慰罷了！

現在的你，如果還受到違反生命原理的時代所建立的價值觀影響，是極為不合理的事。

你別忘了，每個人都擁有富裕權利，這才是生命原理。而貧窮等於是生命原理的作用不足，是一種不該有的現象。

世間大部分的貧窮，都是一種病態；是不良生活、不良環境、不良思想的後果。

我們知道，貧窮是一種反常的狀態，因為它是不適宜人類生活的。它與人類的最高幸福和願望相背馳。

「富裕」、「充足」，天下眾生都應有份。所以假使人們堅決地要求，與不斷地奮鬥去取得這富裕、充足，總有一天你會認識這條規則 —— 人人都能成功！

假使普天下的貧困者，能夠從他們頹喪的思想、不良的環境中轉過身來，而朝著光明愉快的方向努力；能立志要脫離貧困與低微的生活，則在最短的時間內，這種決心，一定可以使社會飛速進步。

許多人總以為自己已盡最大的努力與貧窮奮鬥，實則他們並沒有盡其一切的可能去努力。

就事實論，世間許多的貧窮，都是由「懶怠」所造成，都是由奢侈、浪費及不願努力、不肯奮鬥所造成。

除了奢侈浪費以外，「懶怠」之失敗更甚於任何東西；而奢侈浪費與懶怠，往往是無獨有偶、攜手同進的。

累積財富的法則

人類有幾種堅強的品格，是與「貧窮」、「困境」誓不兩立，水火不相容的。

自恃與自立，是堅強品格之基石。我們常能發現，在那些雖則貧窮、雖則不幸，而仍然努力奮鬥的人中間，這種品格非常發達。

但是一個因失去勇氣，失去自信，或因懶得努力奮鬥而至於貧窮的人，卻沒有這種堅強的品格。

與那些在不斷取得富裕的努力中鍛鍊出大量的精神力、道德感的人相較，這種人是弱者。

你立定意志，要在世界上顯出你的真面目，要一往無前的朝「成功」、「富裕」之目標前進，而世界上沒有一件東西，可以推翻你的這種決心時；你會發現，從這自尊心理與自信心理中，你是可以獲得無窮力量的。

最足以損害我們的能力，破壞我們前途的，無非是與目前的不幸環境妥協；以不幸環境為固然，而不想去掙脫它。

因為自己不能像富裕的人一樣地生活、不能享受富裕的人所得的享受，貧窮的人往往心灰意冷、不想奮鬥。

他們不想盡其可能的努力，走出困境、擺脫貧窮。

大部分貧窮者的通病是，他們沒有建立可以脫離貧窮的自信。

他們已經與貧窮妥協，以貧窮為他們應有的命運。

到了一個人停止戰鬥、放下槍械、豎起白旗的時候，除了恢復他已經失去的自信心，和趕走他腦海中的宿命論的觀念以外，實在別無他法！

上天絕對無意叫任何人甘於貧窮，滯留於痛苦不幸的環境中。

希爾認識一個年輕人，他是一位著名大學的畢業生，他的體態很魁梧。

他說，他甚至連購買一頂草帽的錢都沒有。

他說要不是他的父親每星期供給他 20 塊錢，他會挨餓。

這個年輕人就是犯了沒有自信心的毛病。他嘗試過許多事情，但都宣告失敗。

他說，他的教育是一個失敗。

他說，他獲得一種事業時，從不認為自己可以成功。

所以他習此不成去習彼，習彼不成又習此，結果是百無一成。

就因為他懷了錯誤的精神態度；就因為他無法走上思想的正軌之途。

貧窮本身並不可怕，可怕的是貧窮的思想。認為自己命運貧窮，必須老死於貧窮的這種信念！

假使你覺得自己的前途無望，覺得周圍的一切都很黑暗慘澹，則你應當立刻轉過身來，朝向另一面，朝向那希望與

累積財富的法則

期待的陽光，而將黑暗的陰影遺棄掉吧！

斬除一切貧窮的思想、疑懼的思想。從你的心扉中，撕下一切不快的、黑暗的圖畫，掛上光明的、愉快的圖畫。

用堅毅的決心去和貧窮奮鬥。因為世間的種種幸福，應該是大家都有份的，所以你也應該在不妨礙、不剝奪別人那份的情況下，去取得你的幸福。

你是應該得到「富裕」的，那是你的天賦權利！心中不斷地想要得到某一東西，同時孜孜不倦地奮鬥著，最終我們總能如願以償——世間有千萬個百萬富翁，就因為明白這層道理，而掙脫了貧窮的生活！

華僑商法的祕密及口號大致如下：

- ◆ 貫徹實用主義，絕不虛張聲勢。
- ◆ 不在乎衣著，只是努力獲得財富。
- ◆ 絕不浪費財富，要用在刀口上。
- ◆ 要絕對「吝嗇」，但該用時絕不小氣。
- ◆ 常思考，想出別人不做的事。
- ◆ 必須被人信任，不輕易信任別人。
- ◆ 蒐集確實的情報，用自己的眼睛確認。

強烈的「願望」產生巨大的成功

要成功地自我創造財富，就必須有強烈的願望。

身無分文爾後在日本成為百萬富翁的華僑有很多，最著名的就是日清食品的安藤百福先生。

他常以「商品和別人相同是不行的，要突發奇想才能成功」為口號。安藤先生本著這句話，在戰後發明了速食雞麵，問世之後大獲成功。像他們這類人是很會做生意的。

華僑著手的事業，幾乎從未失敗過，這句話在日本早就廣為流傳了。某調查機關在東京市內挑選了最優秀的 100 家飲食店作調查，報告宣稱有 80％是華僑所經營，而且是絕對不會倒的店。

華僑商法確實令人驚嘆，如前所述，他們的財富起因於貧困，及在他國不安全感造成的，而並非他們天生就是商業高手。為了證實這點，同樣是華僑，待在自己國家和待在外國的華僑就不同。

某位華僑指出如下：

「住在我國本土的人和日本人一樣，稱不上是什麼商業奇才，他們做生意也歷經無數次的失敗。雖然我本身現在獲得某種程度的成功，但當初在國內時，曾一次又一次地失敗，在來到日本後，就不太嘗到敗績了！我想，其間最大的差異，是當事人意識上不同所造成的。在國內有雙親、有兄

累積財富的法則

弟姐妹、有朋友和親戚，不需要這麼拚命去做，日子還是可以過得下去。來到海外就不行了！事情和過去全然不同，除自己之外，無法依靠任何人，多數時間都會考慮自己是否能在外國的土地上生存下去，會形成強烈的不安感，一定要想辦法努力工作。拚命思考，結果就在不知不覺中，擁有了強烈的願望，當然就賺了不少錢，可能就是這個原因吧！」

那麼何為願望呢？願望是指明確的志願與無堅不摧的願望所表達出的力量。

願望中的「願」即志願，屬於立場的範疇。對創造財富而言，我們所說的志願，還應有 2 個基本要求。

首先是志向遠大，而且要將目標具體化。

也就是說，你必須確定你所要求財富的數字，不能空泛而論。

如：我這一生決心要賺多少錢 —— 成為百萬富翁……。

一定要明確的定義，不能只停留在「我想擁有好多好多的錢」，不能僅有這種空泛到連小孩子都能做到的想法。

當然，遠大的目標，從來也不可能是一蹴而就的。

俗話說「冰凍三尺非一日之寒」、「千里之行始於足下」，為了實現遠大的目標，你還得建立相應的中期目標與短期目標，由短期目標逐步向中期目標推進，使人切切實實地看到財富的累積，從而增加成功創造財富的希望，和能最

終達到創造財富的目的。

第 2 是要讓志願保持在一個高尚的層面。

崇高的目標表現在：吸引巨大財富，不排拒財富。

但這種目標必須以不破壞社會的法律、社會道德以及不損害他人利益為標準。

否則，你的成功不會被人們所承認，還將遭到唾棄和正義的懲罰。

事實上，許多真正憑藉強大願望而獲取巨大財富的信仰者，他們在創造財富的同時，常常樂於與別人分享成功的愉悅，或是把精神財富如創造財富意識、理論、思想傳授與人，或把物質財富無私地回饋給社會。

他們稱這叫「壯麗的著迷」，許多值得人們敬仰的百萬富翁都是如此，足見創造財富之習又是多麼純良與崇高。

明確、高尚的創造財富志願，同時需要有無堅不摧的願望力量來催化。

「願望」即是想得到某種東西或達到某種目標的要求。沒有堅不可摧的創造財富願望或成功願望，百萬富翁遠大的創造財富目標便永遠不可能達到。

人的願望越強大，目標謀取越靠近，正如同弓拉得越滿，箭就會飛得越遠一樣。

在成功的創造財富道路上，是沒有困難和不幸能阻擋創

造財富的腳步的。

有了明確且高遠的目標，又有火熱、堅不可摧的願望力量，必然產生堅決有力的行動。一個人只有不畏困難，不輕言失敗，信心百倍，朝著既定目標永不回頭，才會在有生之年成功地創造出財富。

著名黑人領袖馬丁・路德・金恩（Martin Luther King）說過：「世界上所做的每一件事都是抱著希望而做成的。」

人們基於對環境的認識，進而產生了價值感和目標感，導致需求，而需求又引起動機。

但動機是否必定產生相應行為，則還取決於行為導致預期目標的可能性有多大。

對此，心理學家佛洛姆（Victor H. Vroom）提出以下著名的公式：$M = \Sigma V \times E$

該公式指出了人們的努力行為與其所獲得最終獎酬之間的因果關係，說明了激勵過程是以選擇合適的行為達到最終的獎酬目標的理論。

這種理論認為，當人們有需要，又有達到目標的可能，其積極性才會高。激勵強度決定於期望值和目標價值的乘積，即：

- M —— 指個人從事某項活動積極性的大小，激發人內在潛力的強度。

+ E —— 某一特別行為會導致一個預期結果的機率，稱為期望值。也是指人們對自己的行為能否達到目標的一種主觀可能性估計。

 由於這種主觀機率會受個人的個性、情感、動機等影響，因而人們對這種可能性的估計也不一樣，有人趨於保守，有人趨向冒險。

 激勵自己創造財富是對自己價值體系和自信心、抱負、自我能力評價、對環境掌控能力等的一個綜合體現。

+ V —— 指人們對某一目標的重視程度與評價高低，即人們在主觀上認為這獎酬的價值大小，為目標價值。

 在創造財富活動中，要求百萬富翁經常用目標來激勵自己，不斷想像自己成功和成功後帶來的巨大精神滿足。

 所以，只有具備必勝的信念，強化成功的感受，才有強大創造財富的動力。說不能成為百萬富翁，永遠也不能成功。

 古人說：「欲得其中，必求其上；欲得其上，必求上上。」表達的一樣是這個意思。

 下面是 6 個自我激勵的「黃金」步驟：

+ 你要在心裡確定你希望擁有的財富數字 —— 散漫地說：「我需要很多、很多的錢」是沒有用的，你必須確定你要求的具體數額。

- 確確實實地決定，你將要付出什麼努力與多少代價去換你所需要的錢 —— 世界上沒有不勞而獲這件事。
- 規定一個固定的日期，一定要在這日期前把你要求的錢賺到手 —— 沒有時間表，你的船永遠不會「泊岸」。
- 擬定一個可實現你理想的可行性計畫，並馬上進行 —— 你要習慣「行動」，不能夠再耽溺於「空想」。
- 將以上 4 點清楚地寫下 —— 不可以單靠記憶，一定要白紙黑字。
- 不妨每天 2 次，大聲朗誦你寫下的計畫內容，一次在晚上就寢前，另一次在早上起床後 —— 當你朗誦時，你必須看到、感覺到和深信你已經擁有這些錢！

累積財富需要冒險的精神

什麼人能在事業上獲得成就？回答是「具有冒險精神的人」。

這裡所說的「具有冒險精神的人」，也就是指企圖透過工作完成自我實現的人。

想創造財富，卻不敢冒險，那是不可能的。

百萬富翁清楚地知道風險在所難免，但他們仍充滿自信地在風險中爭取事業的成功。

什麼是風險？

風險是由於形勢不明朗，造成失敗的因素。冒風險是知道有失敗的可能，但堅持掌握一切有利因素，去贏得成功。

風險有程度大小的區別。

風險越小，利益越大，那是人人渴望的處境。

百萬富翁會時刻留意這種有利的機會。

但他們寧願相信：風險越大，機會越大。

百萬富翁不會貿然去冒險，他會衡量風險與利益的關係，確信利益大於風險，成功機會大於失敗機會時，才進行投資。

百萬富翁雖甘願冒險，但從不魯莽行事。

風險的成因，是形勢不明朗。

若成功與失敗清楚地擺在眼前，你只需選擇其一，那不算風險。

但當前面的路途一片黑暗，你跨過去時，可能會掉進陷阱、深谷裡，但也可能踏入一條康莊大道，很快把你帶到目標裡去。

於是風險出現了，或停步、或前進，你要做出選擇。

前進嗎？

可能跌到粉身碎骨，也可能攀上高峰。

停步嗎？

也許得保安全，但也許錯過大好良機，令你懊悔不已。

累積財富的法則

為什麼形勢會不明朗？

原因有 3 個：

首先因為有些事情是你無法控制的。

石油危機、海灣戰爭等，你能控制它不發生嗎？

其次，你缺乏足夠的資訊，無法做全面正確的形勢判斷。

此外，有時需在緊迫的時刻匆忙做出決定，形勢發展有時不容你有充分時間去詳細考慮。

冒風險，就要預備付出失敗的代價。

在哪些方面要作好付出代價的心理準備呢？

首先是客觀環境，包括世界經濟、政治形勢的變化、科技的革新、政府政策的改變等，這些因素是你無法控制的。

在個人方面，百萬富翁要面對財務、事業、家庭、社交、情緒等的風險。

在財務方面，百萬富翁可能把一生積蓄拿出來投資，或向銀行、親友借貸，一旦投資失敗，可能血本無歸，甚至欠債纍纍。

在事業方面，百萬富翁往往辭去現有職務，全力投入成功工作。要放棄穩定的收入、升遷的機會。

如果失敗，被逼做原來的工作，他會損失年終獎金，若轉換工作，則多年累積的工作經驗可能派不上用場。

在家庭方面，百萬富翁辛勤工作，在成功初期，一天工作 10 幾個小時，天天如此，沒有休息，難免會影響家庭生活，冷落了妻子或丈夫、疏忽了兒女，未婚的可能沒有時間談戀愛。

在社交方面，為了全神貫注工作，百萬富翁得減少，甚至沒有時間和朋友相聚，漸漸和朋友疏遠。

不過，在成功的過程中，會認識其他朋友，這點或許可彌補社交上的損失。

在情緒方面，百萬富翁需長期面對巨大的工作壓力，可能是失敗的壓力。長期在高度緊張的狀態下工作，許多業務困難，非要他親自處理不可。

種種壓力，造成情緒上、心理上巨大的負擔，容易產生焦慮，造成神經衰弱。

百萬富翁事前預計到種種可能招致的損失，對自己說：「情況最糟也不過如此！」然後拚盡所能，去實現目標，即使失敗了，也覺坦然，對自己、對他人無愧。

百萬富翁從不會怨天尤人、自怨自艾、推卸責任；他會總結經驗、吸取教訓、看準時機，再行開創自己的事業。

是的，你必須立即行動，你很清楚地知道，你的成功，將帶給多少人無比的幸福與快樂。

累積財富的法則

熱忱是累積財富的基礎

金錢成功者儘管極度渴望金錢,但他們否認金錢有刺激感官的力量,宣稱一切金錢活動都只是數字遊戲而已。

有些大公司負責應徵的人曾經到美國幾所大學和幾百位學生面談。令人驚訝的是,居然沒有人問起待遇的問題。

這些嚴肅的年輕人有一個共同的特點,他們不允許錢的問題成為選擇職業的先決條件,即使他們要進金融界,情況也毫無差異。

幾年前《財富》(Fortune)雜誌發現,金錢已不再是努力工作的最大驅動力了。今天的商界首領,也就是總裁、副總裁、財務經理和各部門主管等高級職員,都紛紛發現實驗心理學和很多聖人早已知道的一點:

金錢不是一切。

《財富》雜誌概括說:「他們真正需要的,1 是成就的認可,2 是職位的尊嚴,3 是經營的自治權,4 是酬勞假。」

在這份清單上,金錢根本不算什麼。令人不解的是,這個人需要全心全意為公司和股東賺錢,才能換來那份職位上的尊嚴或休假。

在金錢成功者的心目中,獲得財富是他們畢生的動力。但是,他們也意識到金錢汙穢不堪的一面。他們猶如一個收洗禮錢的法國神父,鈔票從左手換到右手,彷彿沒事一般,

只有財富的膨脹才能讓他們興奮不已。

對很多人來說，公司是一個與自己分開的實體，即使實際上是他們構成了公司的全部，情況也不例外。公司是他們身外的某一樣東西，因此公司也就成為一個有用的替身，能容納個人所不喜歡的感覺。

在他們的心目中，公司是一間客房或化身。他不敢為自己能力要求過高的代價，然而借公司名義他就能說得出口。討厭推託金錢問題的人可以說「公司永遠不會付的」，這和「我永遠不會付的」可謂大同小異。

假如要付一大筆款項，這種人認為由公司付款就好受許多，事實上，有時候他們自己就是公司的主人。他們可以簽出幾10萬元的公司支票，但是絕不掏自己的口袋付一張餐廳的帳單。有些富人老闆身上一毛錢都不帶，常常向公司員工借錢，要他們記在公司的帳上。

餐廳老闆阿爾·瓦羅說：「大家忍痛付出他的用餐費，然而卻是簽帳單，請人到公司收帳，有時其實是單人組成的公司。但就算如此，公司付帳也還是不一樣，當然免稅也有關係，不過不足以解釋一切。」

無論是付錢還是收錢，其中的各種焦慮和擔憂都可以藉公司來緩和，個人並沒有完全捲進去。

公司變成私人所歡迎的模擬品。躲在公司後面，他覺得

比較安全。和錢有關的危險、羞恥情緒都轉給公司了。勝利是很危險的，因為怕失敗者的報復，如果勝利歸於公司，挫折和災禍也歸於公司了。就這樣，金錢排除了個人的色彩。

個人的金錢動機可以完全掩藏在公司這個替代品之下。一位英國大工業家的話可以證明這一點。雖然他靠自己的努力組成了現在巨大的聯合企業（接收的企業超過 900 萬鎊），而且對效率顯出殘忍的忠心，他公開表示：「我並不想積聚個人的財產，我並沒有打算這麼做（雖然已經辦到了）。我寧願自己寫出《聖馬修的熱情》，也不願成為現在的自己，擁有我已獲得的一切。基於性格，我寧可大家不知道我的名字。」

他是一個特殊的人物，感染到賺錢的某一種道德狂熱。他的辦公室是他控制 20 萬人的組織基地，他整理得有條不紊，桌面很乾淨。他的態度從容不迫，只有一個中年的祕書隨時聽候他的差遣。絕對沒有什麼「氣氛」，也根本看不到大的戲劇性表現。他說大部分都是例行公事，主要就是坐在辦公桌前看報告，他必須大量吸收情報，才能做出決策。

談到他自己和他的成就，往往謙虛到自貶身價的地步。在特殊機會出現的特殊情況下，人總不致於完全不利用其中的優勢吧？只有談到這個話題時，他才透露出一種金錢的熱忱：

「事業是活的有機體，它可以永遠地繼續下去。任何人都知道事業會比個人壽命更長，它有自己的生命，它必須被看成分離的東西。事業不應該被當成某人性格的延伸，更不是自我的延伸。」

「商業活動的目標是迎合大家的需要、匱乏和願望。我的工作就是滿足那些需要、匱乏和願望，而且是以大於生產成本的價格供給顧客。從這一觀點來看，利潤正可以量度出我的活動有多少創造性。」

「創造財富就是以高於服務成本的價格去滿足接受服務的人。」

從這些金錢成功者的身上，我們不難看到很重要的一點，那就是工作的熱忱。這是參與金錢遊戲的基礎。任何人缺少了工作的熱忱，身體裡就缺少了成功的活力。

不斷為更美好的明天做準備

相信這個世界上，沒有人比亨利·布萊頓還忙碌的了。這個人雖然僅 30 初頭，卻已經是美國 SERVO 公司的總經理，當今美國少數彈道導彈專家之一。

雖然身居要職，布萊頓依然力學不輟，整天工作完後，晚上還去學校繼續進修。

今年他選擇的科目是素描。

為什麼他要學素描呢？

針對這點，他的回答非常讓人感動：「素描可有效地將創意說明給我底下的技術人員知道。」

雖然現在已功成名就，但他認為並非人生努力的終點。地球一直在轉，時代不斷地進步，想跟上時代，應該不斷努力學習。

他利用晚上的空閒時間學習打字、雷達技術、西班牙語、管理學、演講術等，對他的經營有幫助的他都學。

他能學以致用，並都收到了很好的效果。

真正成功的人，即使每天工作再多、再累，他也絕不埋怨，且還能騰出時間繼續進修。

為何他如此熱衷於自我深造呢？

其實，像他這類百萬富翁多半都了解下列事實 —— 人生是短暫的，每天能讓自己思考的時間非常有限。

因此，凡是能供自由思考的時間，他們是一分一秒都不願浪費，並且設法做最有效的利用，因為他們都希望能在自己的工作或專業範圍內掌握絕對的成功。

的確，唯有努力才能使人成功，但一次成功並非終點，你必須為獲得下一次成功而再接再厲。

從古至今，凡是百萬富翁都是不肯滿足於現狀，且不斷為更美好的明天做準備。

這麼做並不困難，雖然辛苦，但是為了成功仍屬值得。「今日的努力是美好明天的基礎」，你片刻都不可放棄學習；若有浪費，即使片刻就可能替你帶來終身遺憾。

你不妨利用多餘的時間去學一些對工作有幫助及提高工作效率的知識。

有效的利用目前可供自己自由思考的時間，可保證將來的成功。這是投資，也是保險。

你有無瞻望未來，為獲得明天的紅利而將多餘的時間投資在今天？

不論你從事何種事業，工作時間全部加起來最多也只占1個星期裡1/2的時間（一般公司每天工作時間為8小時，1個星期上40小時的班，1週總共時數不到1/3），請問剩下至少1/2的時間，你都在做些什麼？

時間包括一天工作結束後的餘暇時間及至少1～2天休假的時間，這麼多時間都是屬於自己的自由時間。

閒暇時間是有了，但問題是，你該如何去有效利用這些時間？

你不妨捫心自問是否珍惜這寶貴的時間。如特地挪出一些享樂的時間，或利用每天上下班坐公車的時間，去閱讀一些與專業知識有關的書籍，將這些時間用來思考如何度過一個有意義的週末。

累積財富的法則

並非在限制你該怎麼想、怎麼利用，最主要的是想讓你了解不能將寶貴的時間浪費在玩樂上。

你應審慎地去思考一些有意義的事，像如何利用時間創造未來等等。

亨利‧布萊頓曾說：「人類擁有頭腦這如此神奇的東西，若用來浪費在一些無聊的事上，太可惜了！」

如果你想創造美好的明天，應將自己能自由使用的時間投注在增加與今天的工作效率有實際價值的事上。

你可利用閒暇時間吸收一些新知，然後用來引發深藏在心靈深處，僅屬於自己的原始創意。

將來有機會的話，這些創意皆將成為有利的工具。

知識這種東西，無論你學了多少，它都將在你的腦中累積，成為你自己的東西，不會消失，別人也偷不走。

曾經有一位歌曲的作者，寫了一首歌，但得不到發表。某人買了它，並幫它加上一點東西。

因加上「一點東西」讓此人獲得了一筆財富。他僅僅加了 3 個很小的詞：「HIP, HIP, HOORAY！」（嗨！嗨！萬歲！）

愛迪生做了 10,000 多次的實驗，在每次失敗之後，他都能不斷地去尋求更多的東西，直到找到他想要找的東西。

當他所不知的東西變成已知時，碳絲承受住燃燒了，無

數的燈炮就被製造出來了。

在萊特兄弟（Wright brothers）之前，許多發明家已經非常接近要發明出飛機了。萊特兄弟除了用別人用過的原理外，還加上了更多的東西。

他們創造了一種新型的機體，在別人失敗的地方，他們卻成功了。

那「更多的東西」是相當簡單的：

他們把特別設計的可動襟翼附加到機翼邊緣，使飛行員能控制機翼，保持飛機平衡。這些襟翼是現代飛機副翼的先驅。

你會注意到：這些成功的故事都有一個共同的特點。在每個故事中，那隱祕的成分就是應用了先前未被應用的普遍規律。

這就是成功與失敗的差別所在。所以，如果你站在成功的門檻上而不能越過去，你就努力加上更多的東西。

「更多的東西」並非需要很多。「嗨！嗨！萬歲！」這3個表示歡樂的詞，就是使無人問津的歌曲成為最風行歌曲的全部東西。

在別人失敗後，就是使飛機得以起飛的東西。「更多的東西」中，數量並不是最重要的，而其「激勵人的品質」，卻是能產生作用的。

在貝爾（Alexander Graham Bell）之前，就有許多人聲稱他們發明了電話。

在那些取得優先專利權的人中，有愛迪生、安東尼奧·穆齊和雷斯（Johann Philipp Reis）等。

雷斯是唯一接近成功的人，造成巨大差別的微小差距是一個單獨的螺釘。

雷斯不知道如果他把一個螺釘轉動 1/4 圈，把間歇電流轉換為等幅電流，那麼他就早該成功了。

跟萊特兄弟的事例一樣，貝爾增加「更多的東西」是比較簡單的，他把間歇電流轉換成等幅電流。

這是能夠再生人類語言的唯一電流形式，貝爾能保持電路暢通，而不像雷斯那樣間歇地中斷電流。

美國最高法院作出結論：雷斯絕對沒有想到這一點，未能用電信的方式轉換語言。貝爾做到了，所以他成功了。

在這種情況下就不能堅持認為雷斯所做的東西是貝爾發明的前奏。

支持雷斯就是失敗，支持貝爾才是成功。這兩者僅僅是失敗與成功的差別。如果雷斯堅持下去他就可能成功，然而他停止，而失敗了。

貝爾從事工作，並把工作一直進行到獲得成功的結果。

美國最高法院的判決是正確的。

加上最後一點，就像把別人已擱置的 99 度熱水再加 1 度一樣。燒開水的人是你，而不是別人。

儲蓄是播種財富的種子

一個年輕人在整整 5 年或 10 年中領的薪水都很高，但是他沒有任何積蓄，所以在突然失業後，便流離失所，沒有了安身之地。但他並不從自身尋找原因，而是埋怨自己太倒楣了。其實，這件事給他的教訓十分深刻，他應該銘記一生。

如果這個年輕人能冷靜下來反省一下自己，不再無端地抱怨運氣不佳，那麼他會聽到自己內心那個冷靜、微小的聲音在訴說著，他不應該沒有緣由地浪費辛苦賺來的每 1 美分。當然，我們不應該吝惜正當的、合情合理的娛樂費用，因為，這樣的娛樂不會留下負面影響，而且可以留下終生難忘的美好記憶，無論什麼艱難困苦都不會將其從我們的記憶中抹去。

一個年輕人突然失去了工作，這令他很意外，因為他對此毫無準備。一直以來，他從不考慮儲蓄，以備不時之需，現在他意識到了儲蓄的重要性，可是已經來不及了。「我非常後悔，」他傷心地說，「如果我能夠每天存 10 美元，這些年來一直堅持下去，現在不算利息，也有 5,000 美元的積蓄了。何況，我不會只存這麼少錢。從前，我太傻了，現在我

悔不當初。這真是自己摘的苦果自己嚐！」

在現實生活中，不屑一顧的小事有時也會造成很嚴重的後果。不積跬步，無以至千里；不積小流，無以成江海。點滴的累積似乎微不足道，但是忽視它卻會造成難以彌補的損失。

對任何人來說，1美分似乎微不足道，但是它卻是財富得以生長的種子。如果我們把花籽、菜籽播種在肥沃的土壤裡，然後施肥、澆水、精心地呵護，那麼不久後我們就會收穫嬌豔的鮮花和鮮嫩的蔬菜。如果我們足夠幸運，也許可以種一株含苞待放的花，否則只有播種，才能有所收穫。

人人都希望擁有財富之樹，人人都渴望得到財富之樹的種子，但是他們卻不知道，每1枚硬幣都是1棵財富之樹的種子。如果你想在年老時過上舒適安逸的生活，那麼從現在開始你就要學會累積。

人們發現，世界上最困難的事情莫過於節儉度日、量入為出了。許多人甘願辛苦地工作，也不願過節儉的生活，如果一個人能夠合理地利用自己的收入、開源節流、避免無謂的浪費，那麼只要是一個四肢健全、頭腦清醒的人就能夠自給自足。但不幸的是，能夠做到節儉度日的人卻只占少數。許多人的收入很高，但他們從不拿一小部分作為積蓄以備疾病或失業等的不時之需，當突遇危機、資本家凍結資金不再

投資、工廠倒閉時，他們便被這些突發事件弄得措手不及，陷入了困境，甚至走投無路。那些從不考慮將來、從不為將來做準備的人，日後一定會輸得比乞丐更慘。

當有人問菲利普‧阿莫，是什麼特質使他成功時，他說：「節儉和注重效益，我認為這2點是最關鍵的原因，我從我母親對我的教育中獲得並繼承了蘇格蘭先輩們的節儉、注重效益原則的優秀傳統，因此，一個人如果有一定的才華和頭腦，且不失為一個節儉、誠實和有經濟頭腦的年輕人，那麼他會擁有很多財富，根本不會走投無路。」

羅傑‧塞奇曾說：「我要告訴每一位年輕人，養成節儉的習慣是積聚財富的最好辦法。在剛開始時，即使只節約幾分錢也比不做任何儲蓄要來的好。隨著時間的推移，你會發現儲蓄並不困難，只要你持之以恆就會使銀行的儲蓄快速增加。有人總是花光所有的積蓄，因此他只能為沒有富裕起來而悲嘆。」

安德魯‧卡內基認為，一個人首先應該學會存錢，在以後的日子裡，才能養成逐漸節儉的好習慣。節儉不但是財富的創造者，是文明人的最低生活底線，而且還是修身養性、韜光養晦的好方法。

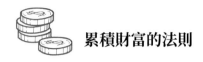

富翁需要優秀的助手

一所大學想知道大一新生對商業的理論和應用了解多少，做了調查，100 多位大一新生，被問了下列問題：「若你擁有一家大企業公司，你會要求你的助手具備何種最主要的特質？」

以下是挑出來的幾個典型的回答：

「我要求助手衣著整潔，要有良好的品行。」

「他們應當知道如何取悅重要的顧客。」

「我只僱用有辦法提高賣價而減低工人薪水的助手。」

保羅‧蓋迪曾對這個問題談過他的看法。

蓋迪說這些答案聽起來很幼稚，卻不能責怪這些新生對商場觀念的模糊，有許多年紀較大、精明的百萬富翁，同樣犯了這種無知的毛病。不少有經驗的百萬富翁，對助手特質的要求，就像那些大一新生一樣不正確。

有個人在一次雞尾酒會上碰見蓋迪，那人悲傷地抱怨，在一家著名的公司裡失去了兩 2 次升遷的機會。

「我是為公司爭權奪利的犧牲者。」

他說，顯然他相信是這樣：

「我工作得很好，身為經理所該做的我都做了。」

「你做了些什麼？」蓋迪好奇地等待他會提出什麼古怪的理論。

「我把我那個部門的工作人員逼得很緊！絕不許他們出一點紕漏，如果誰犯了錯，馬上開除他。」

他沾沾自喜地回答：「我對上司交待的命令絕不懷疑，而且嚴格執行，不計後果。」

這時蓋迪假裝遇到一位難得一見的親戚，很快地抽身離開。

蓋迪已經聽夠了。

蓋迪了解，為什麼這位「經理」不能夠升遷。

蓋迪不清楚的是，這位「經理」怎麼沒有早點被炒魷魚。

這樣的人，不會在蓋迪的手下留上 5 分鐘，因為他具備在現代企業中，擔任助手職務者最忌諱的 2 種特性：

「對屬下的態度像是差遣奴隸，對上級的態度像是個完全沒有常識的馬屁精。」

蓋迪認為具有那位經理特性的人，不能指導員工做任何活動。這種人，只會驅使壓榨那些不幸落在他手下的員工。顯然，這不是讓員工發揮工作效率的方法。

那位經理失敗的原因還不止如此。他從不懷疑上司的命令，要求下屬「嚴格執行、不計後果」，這是盲目的諂媚行為！同時證明他也是個極其愚蠢，不了解怎麼對上司及公司負責的人。

當然，一個助手需要忠誠地執行上司交代的任務，但不

是說他要像沒頭腦的機器人那樣，盲目地去執行啊！反之，若他是個好助手，一定會仔細考慮「結果」的。

不論地位有多高，人總是會犯錯的，哪怕董事長也可能會出錯。身為經理，發現上司交代的工作中有錯誤或遺漏之處時，不去提醒上司注意，不能算是耿直或忠誠，而是冷眼旁觀的迂腐人物。

一流的百萬富翁，情願屬下事先指出他的錯誤，而不願事後讓公司受損失。

某次蓋迪要為他在美國的一家公司做重要的決定。那時他還在歐洲，接到公司經理部門寄來，認為重要的信件紀錄及資料，但他並沒有發現最後一份重要的重新修改過的統計資料在郵寄時寄丟了。

由於他沒有收到修改過的資料，所以他不自覺地利用不完整的資料制定計畫。

在蓋迪自認正確的決定作成之後，指示手下人員把決定寄給美國公司辦公室。

幾天後蓋迪接到一個緊急越洋電話，是一位公司經理打來的。

公司經理有禮貌而堅決地指出蓋迪顯然沒有考慮到幾項重要的事實，若按照蓋迪指示的計畫去實施，公司會遭受嚴重的損失。

在交談了幾分鐘之後，雙方都發現蓋迪是根據不完整的統計資料做成計畫的。等遺失的副本很快寄來後，蓋迪才修正了計畫，指示按照新決定辦理。

蓋迪最後所做的計畫很成功，要歸功於這位經理的警覺。若公司所有的經理在執行任務時，不加以推敲、不上下溝通，只知一味地「不計後果，嚴格執行」的話，結果將會變得非常悽慘。

蓋迪像其他擁有自己企業的百萬富翁一樣，對助手的挑選深感興趣。

他相信有一種標準，能衡量出一個商業助手的內在潛力。

蓋迪不認為，他的標準一定正確無誤，但這些標準，是許多成功的百萬富翁所使用的，而且多年來一直很有效。他的成功，主要歸功於他手下經理人員的忠誠和工作效率。

蓋迪判斷一個人是不是好助手，第 1 種鑑定方法是看他獨立思考及活動的能力。好助手必須有才智及能力去產生構想、發展計畫、制定方案、解決困難及適應情況，不必不斷地向上司請示。做不到這點的人不算是個好助手，只是個辦公室的跑腿者。

有次，蓋迪請教一位工業巨擘該如何選擇經理幕僚人才？

那位先生勾劃出以下百萬富翁的理想：

累積財富的法則

助手們應該是這樣：

當我在 1 月某天上午 9 點把他們叫進辦公室，告訴他們：「公司做了很多年香腸了，去年利潤是 100 萬。今年我決定不想做香腸了，開始改做螺絲釘和螺絲帽。」

助手們都微笑著離開了辦公室，以後就不再看見他們，直到 12 月 3 日下午 5 點，助手們回到辦公室告訴他：公司正在生產全世界最好的螺絲釘和螺絲帽，價格低於同行的 50%，利潤比去年高 3 倍。

蓋迪認為這位工業巨擘的話雖然只是一個美夢，但能幫助人們解釋百萬富翁處理事務的方法。

助手要能獨立思考及獨立行動，最少的指示，就能去執行工作。助手的主要責任是，指導他手下員工的活動和工作。指導就是指示和領導，好的助手，要像領導者一樣能統帥及思考。

不幸的是，很少有人是天生的領導者。幾 10 年才會出現一個邱吉爾。

不管一個人會不會成為邱吉爾，有一些定律是很重要的，它將決定一個人領導能力的高低。

在這些定律中，有 5 點特別需要摘錄下來：

- ◆ 親身示範，是指導及激發員工的最佳方法。能對屬下員工講解兼示範的助手，會備受愛戴。

- 會承擔屬下所有的責任。若上司因他的部門犯錯而怪罪的話，他將一力承擔，因為錯誤總是由督導不夠而產生的。

- 好的領導者，絕不會要求部下做他不能或不願做的事。

- 必須對屬下公平而無私。關心員工的需要，而且滿足他們的合理要求。要以耐心、諒解及尊重來對待屬下，全力支持他們。另一方面，絕不能縱容他們，需要記住：過分親暱，會使員工不聽指揮。

- 乍看有點無關緊要，實際卻是十分重要的原則，也是所有助手該記得的 —— 稱讚要當著大家的面，批評則要在私底下。工作成效好的員工，應該在同事面前受到獎勵；而做錯事的員工則要在私底下責備。否則，他們的自尊會受損，而導致工作情緒低落。

蓋迪自己是多年前在油田中學習到統御領導能力的。他的助手熟悉每個工人的工作。他們從不要求工人做自己不肯做或不能做的事。只要有機會，他們就會示範給工人看應該怎麼做。

「最好的領導人員對我的工作比我自己還要熟悉，信任我，雖然他從不讓我忘記他是我的上司。」

一個裝配工人對蓋迪說：「那是我願意拚命替他工作的人⋯⋯。」

蓋迪相信，員工都有這種想法。如今，他的助手已經很少站在工地流著汗跟工人並肩工作了，但這條老定律還是有價值的。

蓋迪對助手要求的另一要點是：充分表達個人想法的能力。

在商場上，時間就是金錢，在要求或報告以及指示上，因語意不明而產生誤會所付的代價極高。助手應能清晰而迅速地理解其意思，告訴員工該做些什麼。

興趣和熱忱是助手應該具備的另外 2 項特質。

沒有人會對不感興趣的工作得心應手。助手的興趣，應涉及到公司的各個部門，完全熟悉公司的政策及整體活動。

只有如此，他才能知道自己部門的地位及相關的工作，建立起他和其他部門之間的整體關係。

單有興趣還不夠，還應該有高度的熱忱。

助手應徹頭徹尾地熱愛他的工作。

他們應主動地尋求各種巧妙方法，使公司的效率、產量、銷售量及利潤增加。

優秀助手的另一個重要特質是忠誠，這點只在事後才能判別出來。

助手的忠誠，不僅針對某位上司，而是對所有的股東、雇員、上司及公司整體。

　　以上是蓋迪認為做商業助手所應具備的最重要特質。

　　無疑，讀者會詫異蓋迪遺漏了像個性、教育程度以及專門技術、知識這幾項。但仔細分析起來，你會發現，這些條件不像蓋迪剛才所說的那樣基本而重要。

　　蓋迪同意個性過分閉塞的人，跟其他人共同工作，是不可能成功的。

　　從另一方面而言，助手的作用是治理他的部門，不是參加一項最佳人緣競賽。

　　至於教育程度，就要看各人對它的觀念而定了。

　　許多商業助手，學歷都只停留在國中，甚至小學階段，他們的知識完全是自己學來的。

　　完善的正式教育，對想做好助手的人有很大的幫助，但蓋迪卻不認為這是不可或缺的。

　　至於專門技術及知識呢？

　　蓋迪承認在工商業技術十分複雜化的今天，每個助手都需要廣泛的專門技術及知識，但知識的多寡，多半依他所做的工作而定。

　　蓋迪把他的意見濃縮成一句話：「他寧願把一個毫無技術及知識的優秀助手，發展成優秀的技術人員。」

　　蓋迪猜想大多數的百萬富翁，會把誠實、勤勞及富有想像力，列入必須的條件中。

　　蓋迪省略這類條件，是因為他覺得那是太明顯的事實，不值得一提。

　　一個精神健全的百萬富翁，不會僱用一個他認為不誠實、懶惰或缺乏想像力的人當助手。

　　成為一位好助手，沒有什麼祕訣。任何人只要具備蓋迪列出的條件，真誠地追求自己的事業，願意努力工作的話，都會成為優秀的助手人才。

　　具備了這些條件的人，適合絕大多數成功的百萬富翁選擇經理人才的對象，適合所有行業的公司，簡單地說，這樣的人在商場上也一定能成功。

債務是爭取發展的動力

　　人們不知道當他們陷入債務中時，他們已為自己製造了多少麻煩；債務是如何產生的倒沒有什麼關係。債務像掛在人們脖子上的磨石，直到解脫為止；債務就像一個噩夢，妨礙家庭的幸福、破壞家庭的安寧。

　　即使那些有著定期巨額收入的人，處在債務的噩夢之中，歷經數載，也會感到吃不消，這一切使人憂心忡忡，那麼一個人能做什麼呢？如何為了妻子兒女的未來經濟節儉地生活呢？一個陷於債務危機的人無力保證自己的生活，無力保全他的房屋與財產，不能在銀行存錢，不能購買房屋或不

動產。他的所有淨收入必須用於清償債務。

即使那些擁有巨額財產、有很多地產的貴族，面臨巨額債務時也經常感到意志消沉、處境悲慘。他們或其先輩養成了揮金如土的惡習——好賭、賽馬或生活奢華——以不動產作抵押借人金錢，揮霍無度，從此債務纏身。除非是法律嚴格限定之不動產——因為上層社會早已有所圖謀，以使他們去世時債務可以一筆勾銷，這樣他們就可以在花費民眾財富的基礎上滿足自己揮金如土的奢侈——法律限定的繼承人繼承這些不動產時可以不承擔債務。但是只有極少數人享有這種特權等級的地位。在大多數情況下，繼承不動產也就是繼承債務，而且債務經常會比不動產數額更大。

最偉大的人也曾債務纏身，曾有人斷言偉大與債務有著必然的關係。偉大的人才有巨額債務，因為他們信用很高。偉大的國家也是如此，她們受人尊敬、享有信譽。無名小卒沒有債務，小國也是如此，因為沒有人相信他們。

個人和國家一樣，有債務就要支付利息。他們的姓名出現在很多書上，有些是猜測他們是否已經清償債務。沒有債務的人穿過世界無聲無息，默默無聞；而姓名列在每個人書本上的人引起所有眼睛的關注。他的健康狀況常被詢問；他一出國，就有人焦急地期盼他的歸來。

債權人總是被描繪成面目醜陋、苛刻吝嗇的人；而債務

人則是慷慨大方,隨地願意幫助和款待每一個人,他成為普遍同情的對象。

然而,無論債務獲得了多少讚美,毫無疑問它都令人十分難堪。債務纏身的人為了生活,被迫採用難堪的權宜之計。他受到催債人和債權人的不斷糾纏。

債務人隨著敲門聲的響起,臉色就會變得蒼白。他的朋友變得冷漠,親人也疏遠他。走出國門他感到羞愧,待在國內則如坐針氈。他變得暴躁不安、心情憂鬱、怒氣沖沖、失去了生活中的開心及歡樂。他想要獲得通往歡樂與自尊的通行證 —— 金錢,但他唯一擁有的是債務。這使他遭到猜疑、被人蔑視、受到冷落。他生活在絕望的沼澤之中,他感到在他人和自己的眼中他都低人一等。他必須服從無禮的要求,這些要求他只能以偽造的藉口來推辭。他不再是自己的主人,已失去身為人的自主性。他乞求人們的憐憫,懇求延緩時間。當一位嚴酷的律師指控他時,他突然間感覺落入債務之魔的手掌。他乞求友人與親人,但得到的只是蔑視或冷漠的拒絕。他又乞求債權人,但即使成功,他也只是從一個火炕跌到另一個火炕。很容易看出結局是什麼 —— 無恥地躲避或不斷的採用權宜之計,或許還會在監獄和囚犯工廠度過他的餘生。

一個人能不負債嗎?有沒有可能避免因債務引起的道德

墮落呢？在確保人獨立自尊的同時，就不能清償債務嗎？要做到這些只有一種方法，那就是「用之有度」。不幸的是，在現代做到的人太少了。

我們舉債時，總相信未來的償債能力。我們無力抵制揮霍金錢的誘惑，有人想擁有高檔的精美家具，住在租金極高的公寓裡；有人想品嚐美酒，要包下歌劇院的單間；有人要舉行宴會與音樂會——所有這些都很不錯，但倘若無力支付，就不要沉溺於此。宴會事實上是由屠夫、酒商提供的，你從他們那裡借錢卻無力清償，那麼舉行宴會難道不是只為了表現闊氣的寒酸樣嗎？

一個人不應該以入不敷出的方式來生活，也不應該為了今天的奢侈生活而花掉下週或來年的收入。整個債務本身就是一種錯誤，透過債務我們可以預見未來。債權人與債務人同樣應受到譴責，前者提供貸款並鼓勵客戶貸款，後者獲得貸款。

一個人如果避免債務就能把握自己的確切狀況。他的支出以收入為限，恰當地分配，並留有積蓄以備不時之需，他總是能做到平衡有餘。如果他購置任何物品均以現金支付，那麼家庭帳戶必能做到年年有餘。但倘若他的帳單開始不斷增加——一張是裁縫的、一張是服裝店的、另一張是雜貨店的……等等，他會不知道該如何承擔。他逐漸債務纍纍。而

這個過程不知不覺，他仍然春風得意，進到這裡的物品好像不用付錢，但是這一切都記在帳上，年末要繳的帳單一到，他只能無奈地感到沮喪。他這才發現，蜂蜜之甜難敵受螫之苦。

成功理財的祕訣

致富的現代主要趨勢

在過去 20 年的時間裡，各階層的人在市場叫賣商品已成為一種規範。任何人都不能再輕視這一套了。大家都在叫賣，你不叫就沒人注意你。無論你要賣什麼、提出什麼，現在都必須展現出來。

醫生、律師、作家、改革家、革命家、宗教領袖、道德家、先知、科學家、學者，必須在市場上和妓女、皮條客、賭徒、掮客、廣告員、汽車推銷員、政客一起推銷。不引人注意的人自然會受到冷漠。維持紳士的腔調毫無用處，再高貴的語調也沒有人聽得見。

我們可以了解這種現象的成因。在通俗文化中，即大部分東西過剩，市場內充滿物品、汽車、唱片，大家不可能親自嘗試每一樣東西再決定要不要。然而可試的東西太多了，且大家也沒有專門知識來選擇不同的汽車引擎、冷凍技術、哲學概念或政治方法。

可選的越多，就越難下判斷。即使可以選擇，比如選擇結婚對象吧！選大家最歡迎的類型，或今年最流行、已有好評的類型，會容易許多。所以大致上來說，年輕人會找最接近廣告中人見人愛的少女、汽車、洗碗機、道德、政治、宗教。

真有東西想供應出來的人，發現自己不得不在多種選擇的現實情況上下功夫，就知道他至少要用一部分時間努力推

廣，否則就只能表示無能或沉默。

1950 年代，在諾曼‧梅勒（Norman Kingsley Mailer）發表《巴巴里海岸》（*Barbary Shore*）和《鹿苑》（*The Deer Park*）時，幾乎沒有人注意到這 2 本好小說。他當時就面臨這個問題：接受命運偶然的宣判，容許自己的名譽與人生由大家的心情和意見來決定，從而使別人的心情和意見偏向他。

梅勒或許天生好鬥，或許也沒有其他辦法，便採取了大膽推銷自己的途徑，他以前也這麼做過。

「拯救你的作品，找更多讀者，」他寫道，「只有推銷自己，從海明威沒有寫成的『父親談小說家出頭辦法』中偷取你最喜歡的一頁⋯⋯。」

但是，這些技巧並不是可愛的，無論它多麼必要和難免。真有東西可賣的人會覺得把它當廢物來推銷實在是自貶身價。梅勒記得，他向海明威寫信希望他為《鹿苑》寫幾句好話，認為他的話會帶來大突破，而不僅僅是小成功。但他同時也責備自己「偷用好萊塢的伎倆」。也許因為自己好惡相剋，他得到的效果很糟糕：

「⋯⋯但是你若不回信，或用你答覆業餘作家、馬屁精、諂媚者之類的態度來回信，那就去你的吧！我永遠不會再寫信給你。我懷疑你比我還要自負。我警告你，本書第 353 頁曾提到你，你也許喜歡，也許不喜歡。」

　　這封信毫無效果，因為以文字維生的他不肯用必要的技巧、不肯委屈自己、不能忍受被拒或被人迴避的情境，所以他弄得一團糟。10 天後他的書被退回來，上面寫著「地址不詳 ── 退回給寄件人」。

　　他的自尊心受到打擊，但他還是把書寄給另外 10 多位作家，只有 1 位相識的作家回信給他，但是梅勒不願意利用他認識的人，所以回信給作家說，他不要他在專欄上寫評論。結果就沒有採用其推薦了。

　　「那次推廣自己的所有努力宣告失敗，」梅勒說，「那份告白永遠為我壯膽，現在我常常想到它，我一定會把那段回憶當做無言的羞恥，過一陣子才能進入大膽言論、半完成作品、不平衡主角和我自己選擇的古怪名人的世界中。」

　　不擇手段獵取金錢的人，如果在幾年間闖不出名堂，那就變成另一類的諷刺人物，他永遠徘徊在那裡，對你小聲談論可發的大財、可結交的人、新的交易、收入、機會、公式、發明和設計，甚至有些可以實現。但最終卻像大喊「狼來了」的少年一樣，大家不再相信。一個沒財可發、永遠在喊「有了」的人，充其量也只是靠別人行動的餘威過日子。

　　另外一種可能則是，他接受其他適合的職業，變成仲介、掮客、經紀人、助理或發達者的跟屁蟲，他變成別人的工具。或許他比現在操縱他的人聰明，但他可能缺少一份狂

勁，或是幻想的力量，這些比聰明更重要。

如果他成功了，那份成功往往也摻雜苦辣的滋味。為什麼他不能全心享受呢？主要是因為他的一切都建立在五花八門交易的流沙上。

他放棄一切喜好，不管是人、物、原則、行事方式或享受的形式，都為賺錢而犧牲了。他自由行動的報應就是永遠沒有根底。他內在不太結實，因為他不委身於任何一樣東西，所以他在哪裡都沒有立足的地方。結果他內在的情境只是一團交易的瘴氣，他的才略分割離散。在某些時候，他竟像一個外籍僱傭兵，沒有祖國可以捍衛。

「任何無情的人，」心理分析師說：「都自以為心裡有一個無情的超凡自我，於是就任它擺布。」外在世界必須做的事在心裡又重演一遍，自己就成為犧牲品。前進的驅動力造就被驅趕的人。

倫敦的查林十字（Charing Cross）醫院曾做過一項研究，斷定某些心臟病是病人工作和緊張狂熱造成錯亂的結果，他們會一步一步地毀滅自己，而且堅持生活在這樣的環境中。

研究員下結論，冠狀動脈病人感受到大量的敵意和侵略性，雖然常常能壓下去，但對時間的壓力非常敏感。他們認為這很正常，他們似乎分不出行動和過勞的差別。調查報告說，他們寧可繼續生病，甚至冒著猝死的危險也不肯暫時修

改生活方式。

這種狀況令人想起刁鑽家。在個人屈服於鼠賽壓力和緊張情況下，我們可以相信他崩潰的原因就是貪婪的自我擴大本性，和另一方面超我的嚴格要求之間產生了衝突，難以分解，致使他心神分裂。他的處境和《王子復仇記》（*Hamlet*）中的克勞迪斯一樣，他總是發牢騷說他的思慮都留在人間，口號卻飛上了天堂。

壓力病症非常普遍，但並不是因為生活的步伐已經加快，而是因為我們活在疏遠自己良心的狀況中，行事的方法不能和我們的正義感相吻合。像克勞迪斯一樣，希望得到「邪惡的大獎」，同時又希望得到原諒。

如果我們順應道德，我們就會被內在的騙子本能所嘲笑，它指責我們膽小、沒膽識、不敢用比你神聖的生命原料來玷汙雙手。如果我們任意去做、不顧別人，就會發現外在世界的冷漠無情也在心裡出現，導致我們無法關心自己，結果就和我們上面所說的一樣。

當然，有人會說情況並不永遠如此，也有人逃過了。很多為富不仁的人長命百歲，但純真的人卻會生病、夭折。這句話的意思並不是說金錢動機在人格的締造中占有決定性的力量，而是在某些情況下，它可以成為很重要的因素。若是如此，則一切，包括健康，都會受它影響。在個人環境中，

偶發事件裡，體質因素中，有很多變因可以為逃開報應的人做解釋。但整體的畫面、社會學的證據、歷史的剖視和心臟病的病例都指出，狂熱追求金錢和精神崩潰關係密切。

尋找致富的灰色地帶

對於偷竊，如果有人問我們的看法，我們會說犯罪問題必須解決，小偷必須遏止，加重刑罰、心理治療、社會改革等等。無論我們喜歡哪一種方法，原則上我們都是一致的。

偷竊是違反道德的行為，是社會所不容許的。不過在電影院等公認非現實的地方，我們會縱容自己的道德標準，與影片中的盜賊產生共鳴，感受攔劫的刺激、逃脫的危險，為搶劫的收穫而歡欣鼓舞。當然，若被劫的是我們的錢，我們的感受就會完全不一樣。若不是，我們便能欣賞那個故事了。

如果我們思索一下自己真正欣賞的東西，就不得不斷定，偷竊在我們的本性內並不如我們公然反對犯罪態度中所表現的那麼陌生。以前的好萊塢法典規定，不能同情罪犯，犯法的人都該受罰。但現在大家已經不再費心管這一套了。《教父》（*The Godfather*）等電影不在乎我們和罪犯合而為一，它壓倒性的成功表明我們似乎很願意這麼做。

當然，這只是電影罷了，碰到虛構的情節，我們不必為

自己的感覺負責任。就是因為這樣,我們讓故事影響我們,而不會過度責備自己。我們欣賞銀幕上好看的劫案故事,如此而已。果真如此嗎?

事實證明,在電影院的黑暗中,我們不必把心中的偷竊行動局限在祕密生活裡。實際上,是我們把偷竊帶入日常的世界,讓它在可敬的外表下,使它的胃口逐步放縱。

想想這樣的景象:這個人到處出現,認識每一個人,他進入高級的餐廳,領班的侍者對他鞠躬,老闆熱情地擁抱他,門僮恭敬地為他停好車子,酒保謙虛地徘徊左右,不知道他要喝什麼開胃酒。這位時髦的客人早已習慣了前呼後擁的氣派。他優雅地和其他貴賓打招呼,把衣冠楚楚的身子往後一靠,考慮要先點什麼。他告訴朋友們不妨來點牡蠣、法國蝸牛、地中海大龍蝦和魚子醬。他的樣子顯得小心而豪氣、溫和而熱心,任何人看到他,都會說他是世上有地位的人。他最後簽帳的肯定態度,再加上 20% 的小費,更讓人覺得他是一個出手大方的豪客。誰也不會把他當成小偷,但他真的是小偷。他大方簽下的帳單,永遠也收不到錢。

1971 年,倫敦一流的俱樂部註銷了 1 萬英鎊的呆帳,類似的情況也出現在其他的飯店裡。有些不付帳的顧客是真的遭遇困難,但很多是賴帳的人物。

我們那位文雅的客人也不支付裁縫費。如果裁縫師寫信

給他，威脅採取法律行動，他就回信說西裝不合身；或是說，在他光顧的裁縫師中，他做的衣服最糟糕，如果裁縫師真正重視顧客，就該自己花錢賠這些粗劣的衣服，不該魯莽要錢。

裁縫師通常都不會告顧客，怕壞了名聲。飯店的欠款又太少，不值得告到法庭，根本不夠訴訟費的開銷。因此這位文雅的小偷就逃過去了，下次他再去飯店，仍然會受到熱情的歡迎。

餐廳老闆說：「當他到達店裡時，我對事務所和顧客之間發生的事一無所知。我依照禮貌相迎，我對欠錢的人要用另一副嘴臉嗎？我怎麼會知道誰只是晚付一點？誰健忘？誰剛出國回來？誰又是賴帳的小偷呢？我不知道，所以我必須用同樣的態度對待他們。」

根據這個處事標準，大家都不提欠帳的事，有些人就永遠不付這一大疊帳單了。如果受害人不註銷，騙子寧可宣布破產，也不願付帳。

當然，破產有破產的法規。但是一個人的財產若列在妻子名下，法律也會無可奈何。在英國，你若擁有一家私人的負債公司，法律規定，它和董事、股東都是兩回事。

「你沒有失敗，是公司失策。」某金融作家說：「如果你有財產的話，你的債主有權要你的財產。但是真正成功的破

產，通常誰也動不了你。」

不過，我們也不必太同情餐廳老闆的遭遇。有些老闆加重大家的帳目，早已彌補了預期中的呆帳，甚至還有餘呢！這可能造成下列的情況。有一位大主顧在一家特殊的夜總會中欠下了相當的帳款，他是一個永不查帳、立刻簽名的人。夜總會主人一再催討之後，終於在辦公室中和這位豪客對質，出示一大疊帳單，總共欠了 1,000 英鎊。

「我告訴你，」這位豪客說，「我出個價，付你 750 英鎊。」夜總會老闆同意了，但這是偷盜行為。

豪客說：「事實上，我只是偷回你亂敲我的數目罷了。」

這是任何地區都流行的制度。一種盜賊亂收費，另一種盜賊就賴帳。但雙方都維持著可敬的尊嚴。此種手腕一切精華在於曖昧不清。偷一條麵包的人毫無疑問是小偷，但敲竹槓或賴帳的人卻在個人行為無法明顯判斷的可疑地帶行事。

要了解他整個人格、一切交易，才知道他是不是盜賊，但很少有人能看到整個人的人格。因此，在大多數人眼中，這類人始終保持著可敬的面目，只有少數親友知道他的真正卑劣行為。

有人受騙好多年，不一定是對方採用很微妙的託辭，或他很會隱藏自己的本性，甚至也不是別人好欺負，只是偷竊在曖昧的情況下，不讓對方陷在撕破臉的窘境中，一切都當

成制度的一部分。只要你的行為有爭辯餘地，沒有人會把你當做盜賊。他們也許會這樣說你，但也只是口頭說說罷了。

例如，電影事業中，戲院老闆「少報」票房的收入（因為他們必須分幾成給發行人），雖然被認為是「溫和的欺騙」，卻是無法避免的現象。

同樣，電影發行人習慣把用在別處，甚至私人開銷上的錢，報在某一部賺錢的電影上，也被視為理所當然。叫人「記某某的帳」是大多數公司每天都有的，例行欺騙也不必三思而行。

個人靠有錢公司免費旅行，並且隨意處置公物，吃喝玩樂，以優惠的條件購買公司產品如汽車、房子、彩色電視，或把個人的需求當成完整服務的一部分，這一切都被認為是有實力的重要大人物應有的權利。但這些也應該算是溫和的偷盜吧！

美國某委員會調查紐約警察貪汙案時發現，僅次於黑手黨的最大賄款來自「合法事業想在城市公告和規則中順利過關」。此項調查報告指出，個人送禮給警察，是希望警察給予特殊或較好的服務，放過小小的違法行為。

每當某人靠職位的便利可以對他人有所幫助時，類似這些警察的情形就發生了，而且情況大同小異。留心一份好關係不一定是賄賂，但是也接近，比如商店採購人員定期接受

推銷代表的禮物，城市官員收到商人的「小意思」等等。

這種情形很少是某人為一件特殊的恩惠而直接收到的賄賂。既沒有那麼赤裸，也沒有那麼明顯，只是在幫忙的偽裝下進行。當一個受到大方款待的人接管某一家和他「公共關係」很不錯的公司事務時，他就盡可能幫幫忙。交易的本質埋藏在適當的婉轉措辭中。業務網絡中包括幾 10 個，甚至幾 100 個這樣的關係，其中一方欠另一方人情債，必要時就有「義務」幫忙。

雖然沒有人精確討論過這個問題，但是某人收禮欠下人情債，以致於他最後不得不幫忙，他必須為「朋友們」避開一些麻煩。請幾頓飯，聖誕節送幾瓶蘇格蘭威士忌，只要還還禮就行了。但是，他一開始就接受重禮，比如旅行費、顧問費、半價買東西，他只能委身於他的施主了。

事實上，這種事情隨時在發生，從自動的「接觸服務」到比較專門關係的建立，樣樣都有，每次接受奉承的人都不知道自己陷得有多深，也許直到他壓力臨頭，對方說：「看啊！你可不能眼看著我們完蛋吧！」他才知道自己放棄了自由，成為別人的工具了。即使到這一刻，他好像還不容許自己停下來，想想就知道他做了什麼。

只能分開商業關係和私人友誼，考慮大方朋友的利益和買來的效忠，以及公益和權利之間的分別，才能找出真理。

大多數隱藏在這種情況下的人根本不費心思去想。直到這種關係和安排在無私的調查中出了問題，才發現一切都是騙局，他們才感到萬分恐懼。

在培養關係的偽裝下，這種制度在大部分時間顯得很可敬。為自己的活動、產品造成有利的氣候，在某種情況下是相當合理、清白、誠實的，何時超過那個界線尺度，往往很難分出來（禮物什麼時候才算賄賂？）。

對此，倫敦《泰晤士報》（The Times）的一位金融作家說：「……所謂替公司股票促成有利的市場氣候，應該和不應該之間並沒有明顯的界限。在天平的一端，過程算是明顯的欺騙，但在另一端卻是合法的策略，這是大家公認的，也許對工業和經濟組織都有利。」

華爾街幾家深受大眾歡迎的商行常替一個他們深知狀況很差的公司發行股票。金融顧問總是嘲諷地告訴客戶2種可能的選擇：「要麼你就一敗塗地，要麼就公開發行。」

英國一位工業巨擘說：「生意可以在白色、黑色、灰色地帶進行。白色地帶絕對誠實；黑色地帶絕對不正當；灰色地帶可以合法，也可以不合法，而且大量生意都是在灰色地帶進行的。」

在這個不確定的灰色地帶有很多人活躍著。每個人都知道自己這一行所容許的騙局。國立健康服務處的專家們通常

把昂貴的醫療設備和藥品用在他們的病人身上，當然他們會收一筆費用。他們很討厭被人叫做盜賊，因為他們都是最受敬重的人物。餐廳的侍者總是循例把一些酒食帶回家去，這種偷竊事實上是列在預算裡的。

餐廳老闆說：「你永遠希望員工誠實。但是，從另一方面，他們若貪汙一點，你也不在乎，等他們貪汙太多了，你才會插手。假如我每週末的利潤比例正確，他們可以邀請每一個人來。我要的是 30%。如果他們能賺 35%，花掉 5%，或者放進私囊，那就算他們好運吧！我完全可以理解。他們愛吃什麼，喝什麼，悉聽尊便，但是數目必須正確。如果飲料本錢用了 450 英鎊，那麼就該有 1,000 英鎊現金或帳單，因為在餐廳的經營中，飲料的本錢是買價的 45%。如果每週盤點時，達不到這個數字，就表示員工貪汙得太多了，經理就會下達命令：『先生，你需要換換空氣了。』」

因此，偷竊必須局限在有限的範圍內。誰都知道侍者會偷，經營好幾家飯店的人不可能一一監視。因此，無法避免的事情只好心照不宣。

同樣的制度也適用於報帳費用。某一種程度的開銷被認為是工作上適宜的花費，唯有超過那個程度，才會有人查詢。在規定的限度內，做假是容許的。

公司老闆定期收緊開支，帳目查得詳細些，有人被叫去

問話，大家都會小心一點。但是，從未聽過誰真正告發過報帳費用的真假，這個行為已變成制度的一部分。

有一個最明顯的例子。美國國會批准喬治·華盛頓（George Washington）贏取獨立戰爭的費用時，雖然有些帳目非常模糊，他們還是不追究任何詳情。總數是 8,284 英鎊。當時革命軍的兵士月薪只有 25 便士左右，少將則不到 6.4 英鎊，可見華盛頓並沒有虧待自己。有一天，華盛頓記上 330 英鎊，約等於 50 個少將的月薪。他整齊的字體寫道：「現金付馬具店，買一個信箱、地圖、眼鏡等等。」

在帳目上「等等」是最有用的符號，華盛頓很會用這 2 個字，其他「雜貨」、「勘察」和「祕密服務」的帳目下也有同樣的字眼。有些則只寫「付給李先生」和「付給梵先生」，沒有進一步的說明。

據內部人士透露，這些錢是購買馬德拉白葡萄酒用的。國會當然問也不問，就支付了第 1 任總統的開銷。

今天重視經理才幹的公司，也不會俗氣地查問帳目中「等等」或「雜貨」的真實內容。通常只有笨拙的急進分子才會提出這些問題，他們本身可能不喜歡報帳費的便利。

依照傳統，人們的廉潔在某一標準下是不必懷疑，也不必調查的。除非醜事爆發，或者被新聞記者挖到什麼不能曝光的消息，又或是私人文件落入反政府的記者辦公室中，大

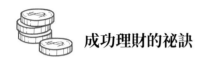
家才明白這種愉快的假定是多麼不合理。

法國人發現時任總理從 1966～1969 年沒有繳所得稅，1968 年還有 1 筆退稅款。後來發生了一陣喧鬧，這件事被提出來公開審查，沒有人發現他實際的非法行動。但是，他不久就丟了總理的官位。

這個案件受注意的結果是，大家都了解到最著名、最可敬的法國公民也可以運用賦稅制度，不必違法，就逃過稅金的徵收。例如總理本人就是利用法國的一個制度，個人投資的收入可以獲得稅金債權。根據公司已付稅的原則，投資人可以用這筆收入的比例來平衡他自己的稅金，有時甚至達到50%。事實上，手段高明的人可以弄到足夠的債權來抵銷他所有的稅金。

另外一個辦法就是買下歷史遺蹟中的建築物，加以復建。這種情形下，國家會付 50% 的復建補助金，另外 50% 從稅金中扣除。

就法律上而言，這些技巧完全合法。個人的所得若高過某一限度就應該繳稅，逃稅即使不犯法，實際上也掠奪了那些繳稅人的權益。

但是，可敬的奸詐鬼自有一套制度，不從這個觀點思考事情。他一心注意要求權、許可、抵銷和稅金債權。他的作為雖不違法，其實卻是偷竊。既然連總理都利用這個機會來

為自己謀利益，一定有很多名流顯貴也這樣做，而且根本不覺得自己作弊取巧。

美國的西方聯合公司年年賺錢，卻連續 8 年沒有繳稅，他們用最有利的簿記手法，在報稅帳本中加速廠房及設備的折舊，把利息開支當做費用，在財務帳上卻歸於本金。英國紡織業巨擘也利用類似的方法來逃稅，包括把集團中所有世襲的財產化成租借，然後將微不足道的業主保留權益轉到一家子公司，以造成資本的損耗。這是其利潤由 4,200 萬鎊升到 4,500 萬鎊那一年的事。

有一位評論家說：「他證明一個公司報稅用的帳本和展示給股東看的帳本有天大的差別。」

另外一個約定俗成的制度是「靠開銷過活」。有人買什麼都不必花錢，樣樣都記公帳。有一個商人說：「我口袋裡帶 1 元鈔票，往往 2 星期都沒有動用。公司付我 3,000 鎊的年薪，只要繳稅、繳房租、吃早餐就行了，其他的都是記公帳。」

既然他做休閒業，他想做任何事情都可以算是業務開支。身為餐廳經理，他吃飯的帳單都算業務開銷，如果他必須在自己的餐廳吃飯，了解到一切才能監督員工。若他必須在其他飯店吃飯，是想看看同業在做什麼。當然，他不得不穿氣派一點，所以他的衣服也記公帳，何況他的某家子公司還經營男性服裝店呢！

有一種賺錢的方法違背了保守的感情，就是把女子介紹給男子，或把男子介紹給女子，一方面做生意，一方面享樂，而你收取利潤。做這種事的通常都是下流的皮條客。

1960 年代初期，一位社會名流醫生曾把女孩子介紹給著名的貴族和政治家，並且發生性關係，女方接受金錢報酬，而他曾向女孩子收錢，於是他被捕受審訊。當時這算是很大的醜事。這位醫生不願意面對這麼丟臉的罪名，於是自殺了。

很少有人注意到，這位醫生拿的錢簡直少得可憐。他是一個永遠手頭緊、隨時向人拿錢的傢伙。他輕易向妓女或紳士要錢，也許有點放浪，但是這和職業皮條客不可相提並論。但是事情被曝光，無論是看起來，還是聽起來，那都很汙穢了。

今天的電腦撮合中心大量做撮合男女的事情，賺取大把鈔票，公開廣告，卻被認為是可敬的。沒有人把電腦撮合中心的經理當做皮條客，儘管他所提供的某一項服務是介紹人們從事色情交易，而他也收取費用。但是在曖昧不明的區域內行事，電腦把 2 個興趣相同的人安排在一起，他們實際上做什麼，可不關經理的事。

這種奸詐的風氣並不只限於私人行動，在大規模的事業上往往有最荒謬、最賺錢的結果，比如拉里「偷 100 萬永遠不算犯罪」的金言。

　　有個古老的成語叫「朝三暮四」。敘述一個人養了一群猴子，有天他對猴子說：「因為我最近不太寬裕，所以以後每天早上給你們 3 個果實，晚上 4 個。」猴子聽了，都勃然大怒，吵鬧不止。於是養猴人又說：「這樣好了，每天早上 4 個，晚上 3 個。」猴子們都高興了，拍手稱好。雖然總數沒變，但感覺上卻有些不同，這完全是短視近利之故。

　　一般借錢時，無論是向朋友或銀行，總覺得自己是很卑微的。尤其是向銀行借錢時，總是徹底調查身家，還需找人作保，令人大傷自尊。相反地，地下錢莊卻對顧客禮遇有加，恰與銀行作風大相逕庭。人們在恭維的迷惑下，即使錢莊利息比銀行高出幾倍，而人們也偏往陷阱裡跳，原因主要是錢莊擅於利用人性的弱點 —— 虛榮心。

　　理財專家建議，在向地下錢莊借錢時，最好考慮是否划算再借不遲，切勿被錢莊迷惑，從而和猴子一樣，犯下短視近利的錯誤。

　　很多罪過，其中包括某些技術上犯法，並不會報應在犯罪者身上。獨占權的建立就是最明顯的例子。它也許不合法，但是在資本主義的社會中，沒有人會因為你是壟斷家就退避你，不讓你進門。

　　美國司法部控告 IBM 公司濫用非法的獨占力。但另一方面，卻又指派公司的一位首長為美國駐法國的大使。

　　大多數社會都不容許壟斷，只因為這是掠奪人民的方法，就像「強盜頭目」一般。但是社會上並不輕視這種掠奪。同樣還有一大串商業罪名也不會受到道德的指責。

　　下面這些生意手腕都是犯罪的，但均被廣泛使用。例如，蓄意用 2 種會計，對稅務調查員和投資人各有一套說法；廣告不實；分量減少，用包裝來讓人以為他們買到的比實際多；為搖搖欲墜的公司建立有利的市場，感覺使用低於標準的原料；在合約中亂用措辭，實際上以後才能實現；工業間諜；產品的標籤或描寫不正確；降低安全度以減少成本；定價不實；捐錢給政黨基金或計畫，從事巨額的賄賂，操縱特別的慈善基金以推廣自己的生意或妨礙競爭者的業務；偷取工業過程和公式；空氣汙染；過度掠奪天然資源；製造不安全的商品；製造侵略、虐待和壓迫的武器；把工人安置在有害健康的場所下。

　　這些情況確實有人提出過控告，也宣判當事人有罪，而懲處罰金，但是，犯了這種罪對社會地位不會有任何損失。

善用他人的資金發展自己

　　致富，就是借用別人資金的事，沒有什麼難的。

　　是的，金錢成功的確很簡單，透過借用別人的金錢使自己的荷包鼓起來。亨利‧凱撒（Henry John Kaiser）、亨利‧福特

（Henry Ford）、華特‧迪士尼（Walt Disney）、康拉德‧希爾頓（Conrad Nicholson Hilton）等一干人，都是靠借貸而致富的。

以下，我們來看看雷克萊靠借貸而成功的故事。

1947 年，雷克萊從英國陸軍退役下來，回故鄉巴勒斯坦遊玩了一趟，接著攜妻子定居在美國。一開始，他幫別人做工來餬口。不久，他便聲稱，10 年內他將賺到 10 億美元。

他的計畫是這樣的：首先透過短期貸款得到一家公司控制權。接著用取得的公司資產去換取另一家公司的控制權。

一般他都採用第一種手段。你應重視他的這 2 種辦法。倘若機會恰當，成為幾 10 個，甚至 100、1,000 個公司的經理也不是什麼難事。

事實上，他的目標在 10 年並未完成，再延長 5 年後他才達到目標。

那時，他在霍伍德證券交易所工作。後來他迷上了速度電版公司，即專門生產印刷用的鉛版和電版的公司。

那時公司的業務不是很可觀，廠房設備儘管都是一流的，但尚未有出色的業績。儘管也有股票，但價位始終不高。

雷克萊經過多次調查後，決心爭取到它。但若想將股票控制到手，只有讓這家公司股票形成強烈賣勢，從而取得控制權。

他將速度電版公司的歷年所有資料進行了仔細地研究，得出其中的經濟形態規律：公司內部的經濟效益整體還不錯，外部因素肯定和近期鉛價上漲有關。也就是說，公司客觀條件很好，但負責人水準太低。遇到意外，肯定會慌亂，如果動搖他們心理防線，加之從內部進攻，一定會成功的。

他利用在股票交易所認識的該廠股東 —— 伍德，用很巧妙的方式從他身上打開一個缺口，最後以 20 萬美元短期付款的方式，從伍德手中取得了 100 萬元的股票。接著，他用到手的股票，將小股東們的股票收到自己手中。當該公司股票炒熱時，他已擁有該公司 53％的股權。因此，他理所當然地成了該公司的董事長，並改公司名為「美國速度公司」。

不久，他又將美國彩版公司收歸旗下。

在 1 年中，他從小職員一躍到大公司董事長，的確讓人感到佩服。

他的主要策略就是利用別人的資金擴大自己的企業。

初試成功後，他決定到紐約去開拓事業。到紐約後，為了提高知名度，在猶太商人間將他的「連環套經營法」公布於眾，沒想到換來紐約工商界的反感和批評。由於過去曾有人用過此法，但沒有成功。

雷克萊和李斯特進行了一次深刻的長談，這讓他意識到公眾和報紙的不贊成，反而宣傳了他的知名度。於是在李斯

特的介紹下，他成了 MMG 公司的一員。他在該公司的發展可以說是沒有任何挫折。當該公司主要負責人退休時，他趁機將該公司買了下來，放到美國速度公司之下。就這樣，他在紐約有了創業的基石。

不久，他透過向該公司的另一股東轉賣 MMG 公司股票而控制了聯合公司。實際上也就是非直接地把 2 家公司都收歸到他的旗下。

聯合公司的控制人之一格瑞是他下一個目標，因為和格瑞有關聯的是 BTL 公司。雷克萊經過精確分析後，決定向 BTL 公司投資，這樣就能夠將它的控股權弄到自己的企業中。

然而 BTL 公司的規模是很大的，想輕易地獲得它的控制權並非易事。於是他故伎重施，讓人們感覺該公司勢力弱，再大量購買他人拋售的 BTL 公司股票，並且抵押上聯合公司的財產，把全部財力都投進了 BTL 公司。最後，雷克萊控制了 BTL 公司。

雷克萊自從控制了 BTL 公司後，名氣大振。1959 年《財富》上一篇文章這樣評論雷克萊：「雷克萊高明之處在於他先控制美國速度公司，接著透過它控制 BTL 公司，再透過 BTL 公司控制聯合公司，最後透過聯合公司控制 MMG 公司。」

雷克萊的目標不在於 BTL 公司，他又有新的經營之道。

他把這些公司進行合併，即把 BTL 公司、聯合公司和 MMG 公司的各個銷售網進行合併，形成一個巨大的銷售系統。在這個連環套似的系統中，MMG 公司被雷克萊當作銷售主幹。這一系統的目的主要是為了把控制的渠道縮短，以助於管理。過去他透過 BTL 公司和聯合公司來控制 MMG 公司，現在，他透過控制 MMG 公司而間接控制 BTL 公司和聯合公司。

由上我們可以看到，雷克萊的「連環套經營之道」發生了重大變化。由以前的單線控制改為了現在的雙線或多線控制了。

雷克萊的遠大目標 —— 大帝國式的集團企業 —— 已具雛形，所以他的野心更大了，他把視野由紐約擴展到了全國範圍，只要他認為哪個企業有利可圖，他都會參與進去，亂插一腳。1960 年，他的 MMG 公司以 2,800 萬美元買了俄克拉荷馬輪胎供應店的連鎖網。過了不久，雷克萊又收購了經濟型汽車銷售網。

雷克萊儘管進行了多角式經營，且也收購了 2 個大規模的連鎖銷售系統，但這還不能讓他滿足，這與他的「10 億美元企業」的理想還有差距。1961 年，名為拉納的商店由於在經營上出現了嚴重問題，其老闆打算讓出經營權。這可是不容錯過的好機遇，拉納商店可是美國最大成衣連鎖店。因此

他親自洽談了這件事，最後雙方以 6,000 萬美元的價格達成協議，拉納歸屬雷克萊。

雷克萊早已習慣「不使用現款」的策略，他的下屬企業像滾雪球似的越滾越大，其發展速度也加快了很多。短短幾年中，他又收購了處於紐約基層零售連鎖店主導地位的柯萊百貨和頂好公司，還買下了生產各種建築材料的賈奈製造公司及世界聞名的電影公司——華納公司，還有國際乳膠公司、史昆勒蒸餾器公司。上述這些公司都由 MMG 公司控制。雷克萊的基地美國速度公司也飛速壯大。在很短的時間內，他不斷收購公司，全都由他自己來控制，其中很有影響的有：全美最大的成衣企業科恩公司和李茲運動衣公司。而到最後，當雷克萊把李斯特的格倫‧艾登公司也收購為己有時，雷克萊的企業已經達到了他的理想目標，他的總資本也已經超過了 10 億美元。

雷克萊憑藉「低契」的方法擴大企業的規模，其中包括合約書和抵押權狀，經歷了嚴峻的考驗，他在擴展合併來增大企業規模的道路上也很坎坷，不是一帆風順的。在吞併的過程中，2 次大的危機差點打垮他苦心經營的基業。

1963 年，由於謠傳，市場受到很大衝擊，股票價格發生大幅度的變動。恰好那時還有一家頗具影響力的雜誌批評雷克萊的企業結構——倒金字塔式——有很大的問題，使

敏感的投資者感到恐慌，他們就像驚弓之鳥，其中有一些人開始大量拋售雷克萊的股票，造成股票價格的大幅度下降，這大大影響了雷克萊集團企業的生意。幸虧雷克萊在商場上有很好的人緣，當他的股票價位大幅度下跌時，至少有 2 家實力雄厚的大企業集團全力支持，用巨資收購買進雷克萊的 20 萬股股票，總算沒有使雷克萊亂了陣腳，也穩住了股民的心。

然而禍不單行，又有新的危機持續地襲擊，且這危機都是他企業內部產生的。股票風波剛剛平息之後，雷克萊又有新的計畫。當時他急需一大筆現金，於是他打算先把拉納商店賣給格倫‧艾登公司（當時雷克萊還沒有收購格倫‧艾登公司）。但他的股東們都不同意這項措施，從而使這個提議失敗。這倒沒什麼，頂多是不進行這項計畫，但糟糕的是不知道誰把這個消息透露出去，使 MMG 公司的生意受到衝擊，股票價位大跌，也影響了其連鎖企業 —— 美國速度公司 —— 的股票價位。

這次雷克萊又陷入新的危機，因為計畫夭折，使他沒有現金能夠動用，整個系統瀕臨崩潰的邊緣。儘管雷克萊擁有龐大的企業系統，但卻沒有多少現款來償還債權人，他只有向債權人低頭，因為他提款的所有渠道都被銀行巨頭們封鎖了。同時，雷克萊集團企業中的大股東們和分支機構的上層

人物都在頻頻地召開會議，商議雷克萊是不是有能力繼續充當集團企業的總裁。內部壓力很大，外面的情況也不是很樂觀，好多敏感的投資者對雷克萊的股票都表示不滿意，對他很失望，都爭著拋售雷克萊的股票。

然而雷克萊身為億萬富翁的成功者，當然不會被一個困難輕易地擊倒。這點小困難只能鍛鍊他，不會擊垮他，他以他的智慧，很快擬定了一個整頓計畫，然後提交董事審議。經過股東們認真審核，股東們都一致認為雷克萊的方案切實可行，能給整個集團企業帶來好處，因此仍由雷克萊主持公司的事務。

雷克萊的企業發展道路坎坷不平，它剛剛步入正軌還不到 2 年的時間，又有一次打擊不期而至。

1965 年，MMG 公司向銀行貸款的期限到了，而貸款的銀行因雷克萊幾次風波的影響對他失去信任，不同意雷克萊的延期支付。這次對他的打擊非常大，使他驚慌失措。這個大企業剛剛步入正軌，經營剛正常化，想馬上支付銀行的巨額現款，這無論如何都辦不到。然而更嚴重的是，銀行的貸款一撤回，會導致其他債權人對雷克萊的懷疑，他們都會紛紛向雷克萊索要借款，這種雪上加霜的行為無疑使局勢更加嚴峻。

雷克萊四處託人打通關係，企圖度過難關，但是所有努

力均以失敗告終。幾位銀行家企圖清理他的企業。在債權人大會上，那些銀行巨頭想讓李斯特來接替雷克萊，宣稱他們將全力支持李斯特，因為李斯特的格倫‧艾登公司資本最雄厚，且經濟狀況不差。但出乎人們的意料，李斯特不僅沒有答應，反而一口回絕了這項提議，還身為債權人在大會上給雷克萊有力的支援。大家對此都表示不解。這使得銀行家們的企圖破滅了。到後來也不知是出於什麼原因，李斯特還自願將格倫‧艾登公司賣給雷克萊，這又是意外之舉。就這樣，雷克萊的聲勢大大提高了，銀行巨頭只有放棄擊垮他的打算。

經過雷克萊苦心經營，公司初具規模。美國速度公司和MMG 公司，這 2 個大系統控制的企業也有 20 多個，且每個企業都有自己龐大的連鎖銷售網；但是雷克萊並不滿足於「實現 10 億美元」的夢想，他有更遠大的目標。好比山外有山，這山望著那山高，他想經營一個全美最大的只屬於猶太人的集團公司。

1967 年，雷克萊又想擴大企業規模，他把格倫‧艾登公司的股權作抵押，買了美國一家頗具名氣的製酒公司 —— 史肯勒公司 20% 的股權，史肯勒公司是一個年營業額高達 5.5 億美元左右的大公司。雷克萊在收購這家大公司時，遇到很大的麻煩。當時勞拉德菸草公司正打算與史肯勒公司合併，

這樣雷克萊就碰到了強而有力的競爭對手。雷克萊為了控制史肯勒公司，加大力度影響該公司，他只有增加對該公司股票的購買。然而由於勞拉德菸草公司的介入，雷克萊未能如願以償。不過，雷克萊卻用了短短 10 天左右的時間，淨賺 200 多萬美元。

借用他人資金是金錢成功的重要手段，然而你必需明白幾項原則：

- 你個人要正直、誠實和守信，行動要合乎道德標準。
- 你要按時把別人的借款和利息還清。
- 你要時刻記著，借用他人資金成功是有一定週期的。

借用他人資金的前提條件

「商業？這是十分簡單的事。它就是借用別人的資金！」小仲馬在他的劇本《金錢問題》中這樣說。

是的，商業是那樣的簡單：借用他人的資金來達到自己的目標。這是一條致富之路。

借用「他人資金」的前提條件是：你的行動要合乎最高的道德標準：誠實、正直和守信用。你要把這些道德標準應用到你的各項事業中。不誠實的人是無法得到信任的。

「借用他人資金」必須按期償還全部借款和利息。

缺乏信用是個人、團體或國家逐漸失去成功要素中的一

個重要因素。因此，請你聽從明智而成功的班傑明·富蘭克林的忠告。

富蘭克林在 1748 年寫了一本書，名為《對青年商人的忠告》。這本書討論到「借用他人資金」的問題：「記住：金錢有生產和再生產的性質。金錢可以生產金錢，而它的產物又能生產更多的金錢。」

富蘭克林又說，「記住：每年 6 鎊，就每天來說，不過是一個微小的數額。就這個微小的數額說來，它每天都可以在不知不覺中被浪費掉，一個有信用的人，可以自行把它不斷地累積到 100 磅，並真正當作 100 磅來使用。」

富蘭克林的這個忠告在今天具有同樣的價值。你可以按照他的忠告，從幾分錢開始，不斷地累積到 500 元，甚至累積到 10,000 元。這就是希爾頓做到的事，他是一個講信用的人。

希爾頓旅社過去靠數百萬美元的信貸，在一些大機場附近為旅客建造了附有停車場的豪華旅社。這個公司的擔保物主要是希爾頓經營誠實的名聲。

誠實是一種美德，人們從來也未能找到令人滿意的詞彙來代替它。誠實比人的其他品格更能深刻地表達人的內心。誠實或不誠實，會自然而然地體現在一個人的言行，甚至臉上，以致最漫不經心的觀察者也能立即感覺到。不誠實的

人，在他說話的每個語調中；在他臉部的表情上；在他談話的性質和傾向中；或在他待人接物中，都可顯露出他的弱點。

雖然這裡似乎只論述如何借用別人的資金，但它也強烈地提出品德問題，誠實、正直、守信用和成功在事業中是交錯在一起的，一個人具備其中的第 1 種 —— 誠實，就能在他前進的道路上獲得其餘 3 種。

威廉‧立格遜是另一位有信用和誠實的人，他的書特別指出如何在不動產的領域中，利用你的業餘時間，借用他人資金賺錢。他在《我如何利用我的業餘時間把 1,000 美元變成了 300 萬美元》一書中說：「如果你指出一位百萬富翁給我，我就可以指出一位大貸款者給你。」為了證實他的說法，他指出了一些富人，如亨利‧凱撒、亨利‧福特和華特‧迪士尼。

銀行的主要業務就是貸款。他們借給誠實人的錢越多，他們賺的錢也越多。商業銀行發放貸款的目的是為了發展商業，為了奢侈的生活貸款是不受鼓勵的。

銀行家是你的朋友，這一點是很重要的。他可以幫助你，因為他是其中一個渴望見到你成功的人。如果你的銀行家很內行，你就要傾聽他的忠告。

一位通情達理的人絕不會低估他所借到的 1 塊錢或他所

得到的專家忠告的價值。正是使用了他人資金和一項成功的計畫,同時加上積極的心態、主動精神、勇氣和通情達理等成功原則,才導致一個叫做查理‧賽姆斯的美國孩子變成了巨富。

德克薩斯州東北部達拉斯城的查理‧賽姆斯是一位百萬富翁。然而他在 19 歲時,除了找到工作和省了點錢以外,並不比大多數 10 幾歲的孩子更富裕。

查理每星期六都定期到一家銀行去存款,這家銀行的一位職員便對他感到興趣。因為這位職員覺得他有品德、有能力,且又懂得錢的價值。

所以當查理決定自行經營棉花買賣時,這位銀行家就幫他貸了款。這是查理第一次使用銀行貸款。正如你將看到的那樣,這並不是最後一次貸款。於是他領悟到 —— 你的銀行家就是你的朋友,且從那時起,他的這個看法一直在受到證實。

這個年輕人成為棉花經紀人,大約過了半年以後,他又成為騾馬商人。成功使他深刻地領悟到一個人生哲理 —— 通情達理。

查理當了騾馬商人幾年之後,有 2 個人來找他,請他去為他們工作。這 2 個人已經贏得了卓越保險推銷員的良好聲譽。他們來找查理,是因為他們從失敗中取得了一個教訓。

　　這 2 位推銷員成功地推銷人壽保險單達許多年之久，他們受到激勵，自己開辦了一個保險公司。他們雖然是出色的推銷員，但卻是差勁的商業管理員，因此，他們的保險公司總是賠錢。

　　人們常常認為想在商業中取得成功，只有依靠銷售，這是一個荒唐的見解。拙劣的經營管理，賠錢的速度比賺錢的速度更快。他們的苦惱就是他們倆人中沒有一個是優秀的管理人員。

　　但是他們取得了教訓。他們在見到查理時，其中一個對查理說：「我們是優秀的推銷員。現在我們了解到我們應當堅持自己的專長 —— 銷售。」

　　他猶豫了一會，審視著這位年輕人的眼睛，又繼續說：「查理，你有良好的經營能力，我們需要你。我們一起就會成功。」

　　他們就這樣一起工作了。

　　幾年以後，查理購買了他和那 2 個推銷員所開辦公司的全部股票。他怎麼得到這筆錢的呢？當然，他是向銀行貸款的。記住：他很早就領悟到，應把銀行家當作自己的朋友。

　　在當年，這個公司的營業額就幾乎達到了 40 萬美元。就在這一年，這位保險公司經理終於發現了迅速發展的成功途徑，而這個途徑正是他長期以來一直在尋找的東西。他從芝

加哥一家保險公司應用「提示」成功地發展銷售業務中受到啟示，找到了成功的途徑。

那時有些銷售經理業已多年應用所謂「提示」制度來開拓新的業務。銷售員如果有了足夠、良好的「提示」，就常常能獲得巨大的收入。那些對某種業務有興趣的人，所提出的詢問就叫做「提示」。這種「提示」一般是由某種形式的宣傳廣告而獲得的。

也許你根據經驗已體會到，由於人的天性，許多銷售員羞於或害怕向那些他們不認識或以前沒有個人交往的人推銷東西。由於這種恐懼心理，他們浪費了大量的時間，他們本來可以用這些時間找到可能成為顧客的人。

即使是一位很一般的銷售員，如果他獲得不少的「提示」，他就會因受到激勵而去訪問那些提出詢問並可能成為顧客的人。因為他知道：當他獲得良好的「提示」時，他就能找到合適的銷售對象，銷售就可能成功 —— 即使他本人也許只受過很少的銷售訓練，或者只有很少的經驗。

如果無論什麼先決條件都沒有，一個人被迫去銷售，就會感到恐懼，但如果這個人有了「提示」，他就不會那麼恐懼了。有些公司就根據這樣的「提示」而制訂整個銷售計畫。

廣告是用以獲得「提示」的方式。但是登廣告費用很大。

查理這樣正直、有計畫而又懂得如何執行計畫的人正是屬於這個銀行的業務範圍。

確實有些銀行家不肯花時間去了解他們當事人的業務，而州立銀行的職員凱特和其他職員卻願意這樣做，查理向他們解釋他的計畫。如果，他得到貸款，要透過「提示」系統，建設他的保險公司。

正是由於這種信貸制度，查理在短短的 10 年期間，把保險公司營業額從 40 萬美元發展到 400 萬美元以上。正是由於他在投資活動中能借用他人獎金，所以他擁有對若干企業利潤的控制權。

斯通曾經用賣方自己的錢買了價值 160 萬美元的公司。

斯通曾介紹這筆買賣的經過：

那時是年底，我正在從事研究、思考和計劃。我決定下一年我的主要目標是建立一個保險公司，並使它能獲准在幾個州開展業務。我把完成此項計畫的最後期限訂在下一年的 12 月 31 日。

現在，我知道我需要什麼了，達到這個目標的日期也訂立了。但是我不知道怎麼去達到這個目標。這實在不是很重要的事，因為我知道我能找到這個途徑。因此，我想我必須找一個公司，它要能滿足我的 2 個需求：它有出售事故和人壽保險單的執照；它能允許我在各州開展業務。

當然，還有資金問題。但是，我想那個問題我會有辦法解決的……。

當我分析了我面臨的問題時，我認為，首先應當讓外界知道我需要什麼，從而才會得到幫助。（這個結論並不違背希爾（Napoleon Hill）在《思考致富》（*Think and Grow Rich*）中所提出的一些原則，在那本書中，他說：你要把你的確定目標保密，除了對那些幫你出謀劃策的人。）當我發現了我所想要購買的公司時，我當然要遵循他的建議，把雙方的協商保密，直到我結束了這筆交易為止。

所以當我遇到工業界中能提供給我訊息的人時，我就告訴他我在尋找什麼。

超級保險公司的吉伯遜就是這樣的人。我只是偶然地見過他一次。

我以飽滿的熱情迎來了新年，因為我有了一個巨大的目標，且我已著手去達到這個目標。1 個月過去了，2 個月又過去了，6 個月過去了，10 個月快過去了，但我還沒物色到一個能滿足我基本要求的公司。

在 10 月的某個星期六，我坐在我的書桌旁，檢查了今年我實現目標的時間表。除去一件 —— 重要的一件 —— 一切都完成了。

我對自己說：只剩 2 個月了，有辦法的。雖然我不知道

這是什麼辦法,但我知道我會找到這個辦法。因為我絕不會想到我的目標不會實現、或它不會在特別限定的時間內實現。我相信:天無絕人之路。

2 天後,奇蹟終於發生了。我正在書桌旁工作時,電話鈴響了起來。我拿起話筒,有個聲音說道:「喂,斯通,我是吉伯遜。」我們的談話很簡短,我將不會忘掉它。吉伯遜十分急促地說道:「我想我這裡有一個你聽了會很高興的消息:馬里蘭州的巴爾的摩商業信託公司將要清償賓夕法尼亞意外保險公司,由於它遭受了巨大損失。你當然知道:賓夕法尼亞意外保險公司歸巴爾的摩商業信託公司所有。下週四信託公司將在巴爾的摩召開董事會。所有賓夕法尼亞意外保險公司的業務已經由商業信託公司所屬的另外 2 家保險公司再保險。商業信託公司副總經理的名字是瓦爾海姆。」

我向吉伯遜道了謝,又問了 2 個問題,就掛了電話。我突然想到:如果我能制訂一個計畫,提供給商業信託公司,他們以此計畫比按照他們自己所提出的計畫可以更快、更有把握地實現他們目標的話,那麼,說服董事們接受這項計畫是不會太困難的。

我不認識瓦爾海姆先生,因此為該不該打電話給他而猶豫不定,但是我覺得速度是非常重要的東西。是這句自我激勵的警句迫使我行動起來:

「如果一件事做不成不會有什麼損失，但做成了卻會有巨大的收穫，你就一定要努力去做。立即行動！」

我不再遲疑，立即拿起話筒，打長途電話給巴爾的摩的瓦爾海姆。「瓦爾海姆先生，」我開始說，聲音帶著微笑，「我有好消息要告訴你。」

我作了自我介紹，並解釋道：「我聽說商業信託公司對賓夕法尼亞意外保險公司有可能採取措施。我想我可以幫助你們更快地達到這個目的。」我當即約定第 2 天下午 2 時到巴爾的摩去見瓦爾海姆先生和他的助手。

第 2 天下午，我的律師阿林頓和我見到了瓦爾海姆先生和他的助手。

賓夕法尼亞意外保險公司滿足了我的需要。它有一張執照，獲准在 35 個州開展業務。它沒有保險業務了，因為別的公司已經把它的業務做了再保險。商業信託公司把這個附屬公司出售之後，就可更快、更有把握地達到它的目標。此外，他們還收到我為這張執照所付的 2.5 萬美元。

現在這個公司有 160 萬美元的資產，包括可轉讓的股票和現金。我是怎麼弄到這 160 萬美元的呢？靠借用他人的資金。事情的經過如下：

「這 160 萬美元的資產怎樣辦呢？」瓦爾海姆先生問道。

我已經準備好了這個問題，我立刻答道：「商業信託公司

有貸款業務，我將向你們貸這 160 萬美元。」

我們都笑了起來，接著我繼續說：「你會獲得一切，且不會有任何損失。因為我所有的一切，包括我現在正在買的價值 160 萬美元的公司，都可支持這筆貸款。此外，你們有貸款這項業務。還有什麼能比你們將賣給我的這個公司更好的抵押品呢？而且，你們還將收到這筆貸款的利息。對你們說來，更重要的是：這種方式將更快、更有把握地幫助你們解決問題。」

瓦爾海姆先生又提出另一個重要問題：「你打算怎麼歸還這筆貸款呢？」

我也準備好了這個問題。我的答覆是：「我將在 60 天內清償全部貸款。你知道，我在賓夕法尼亞意外保險公司所獲准的 35 個州的營業範圍內開辦事故和健康保險公司，並不需要超過 50 萬美元的資金。當這個公司以後全部歸我所有時，我必須要做的第一件事情就是減少賓夕法尼亞意外保險公司的資本和餘款，把 160 萬美元減少到 50 萬美元，於是我就能把剩下的錢用來歸還你的貸款。」

接著，另一個問題又向我提了出來：「你如何償還那 50 萬美元的差額呢？」

我說：「這應當是很容易的。賓夕法尼亞意外保險公司擁有大量資產，包括現金、政府公債和高級擔保品。我能向那

些一直與我有往來的銀行借這 50 萬美元，以我在賓夕法尼亞意外保險公司的利息作擔保，並以我的其他資產作為保證歸還貸款的額外擔保品。」

當天下午 5 點鐘，這筆交易就談妥了。

這件事可用以說明一個人透過借用他人資金達到自己目的的步驟。

雖然這個故事說明借用他人資金能幫助一個人，但是濫用貸款和不按期償還貸款則是有害的，它們是造成憂慮、挫折、不幸和虛偽的主要根源之一。

美國有些最聰明的投資者，今年還擁有財富，到了來年股票市場急遽下跌時，便喪失了財富，因為他們缺乏週期的認知，或他們雖對週期有所了解，卻未能像那位銀行家那樣立即行動。

各行各業，包括從事農業的人，由於他們的財富是透過銀行的信貸而獲得的，所以都失去了自己的財富。當他們的擔保品價值上升時，他們就借更多的錢，買更多的擔保品、耕地或別的資產。而當他們的擔保品市場價值下跌，銀行家被迫向他們收回貸款時，他們就無力付還信貸，以致破產。

週期是定期循環的。所以在 1970 年的上半年，數以千計的人再度失去他們的財富，因為他們未能及時出售他們的部分擔保品，還清他們的信貸；或者因為他們沒有自行限制，

還在購進新的擔保品，負上新債。當你借用他人資金時，你一定要計劃好怎樣才能向借款給你的個人或機構還清貸款。

重要的是：如果你已喪失了你的部分財富或全部財富，仍要記住：週期是循環的。要毫不猶豫地在適當的時候重新奮起。今天的許多富人也是曾經喪失過財富的人。但是，由於他們沒有喪失積極的心態，他們有勇氣從自己的教訓中獲得效益，最終，他們獲得了更大的財富。

在商業中，有幾個數字在打開成功之門的密碼鎖中是非常重要的，如果你失去了其中 1 個或幾個數字，你就不能打開這把鎖了，直到你重新找到它們為止。

借用他人資金是那些本來貧窮的誠實人致富的手段。資金或信貸是打開商業成功之門密碼鎖的一個重要密碼。

累積財富的神聖法則

勤儉是伴隨著文明的誕生而出現的。它產生於當人們意識到有必要既為今天，也為明天做些適當準備的時候。早在金錢被發明以前，勤儉就已經有很悠久的歷史了。

勤儉意味著個人開銷要謹慎、要精打細算。它包括家庭生活的節儉，把家務管理得有條有理，而不是一團亂。

如果說個體經濟學的目標在於創造和促進個人的幸福生活，那麼，政治經濟學的目標則在於創造和擴大國家的財富。

成功理財的祕訣

　　個人財富與公共財富有著相同的來源。財富是由勞動創造的，它透過儲蓄和累積而得以保存，透過勤奮和持之以恆而得以不斷增加。

　　正是個人的節儉累積了財富。換句話說，累積了每個國家幸福生活的基礎。另外，正是個人的揮霍浪費導致國家走向貧困。因此，每個勤儉節約的人都可以被視為一個公眾的恩人，而任何揮霍浪費的人都應被視為一個公眾的敵人。

　　對個人勤儉節約的必要性是不存在爭論的。每個人都承認並採納它。但論及政治經濟學就會出現許多爭論 —— 例如，有關資本的分配、財產的累積、稅率的高低及其他問題 —— 這都是我們不打算涉足的領域。

　　節儉不是一種自然的本能，而是由經驗、榜樣和遠見所催生出來的品行。它也是教育和才智的結果。只有當人們變得明智和深謀遠慮以後，他們才會變得節儉。因此，使人們變得節儉的最好方法就是使人們變得明智。

　　揮霍浪費比節儉更加符合人的天性。野蠻人是最不懂節儉的，因為他們沒有遠見，沒有關於未來的認知。史前人類沒有留下任何東西，他們生活在山洞裡，或生活在長滿了灌木的叢林窪地裡。他們靠在海邊撿到的水生貝殼動物或在森林裡採集的各種果實維生。他們用石塊殺死動物，採用的方式有守株待兔式的，也有在動物後面跟蹤追擊的。後來，

他們學會了把石塊當工具來使用；把石頭做成箭和長矛的槍尖，利用這些工具幫助自己的勞動，這樣就能更快地殺死鳥類和其他動物了。

最早的野蠻人對農業一無所知，只是到了比較晚近時期，人們才採集種子作食物，並把其中的一部分節省下來以備來年之用。當礦物被發現以後，火開始得到應用，礦物被冶煉成金屬，人類在文明的進程中邁出了巨大的一步。此後，他們就能製作堅韌的工具、鋒利的石器，建造房子，並以不知疲倦的刻苦耐勞精神，去設計和駕馭文明的多元化途徑和力量。

海邊的居民在砍伐回來的大樹上燒出一塊凹陷部位，然後把它推向海裡，人就站在上面捕魚覓食。這棵有凹陷部位的樹就變成了一艘小船，並用鐵釘把它們栓在一起。後來，小船依次變成了單層甲板帆船、海船、槳划船、明輪蒸汽船，從此，世界這幅巨畫就被殖民化和文明的進程所打開。

要不是人類祖先有益勞動所累積的成果幫助，人類本來還會繼續生活在野蠻狀態的。他們開墾土地，種植穀物為人類所用；他們發明各種工具和織物，而我們則從先人的這些勞動中收獲了巨大的果實。；他們發現了藝術和科學，而我們則從他們的勞動中繼續受益。

大自然教導我們，任何美好的事情一旦完成，它就絕不

會隨著時間的推移而完全消失。那些早已長眠地下的無數代
人類的先人將永遠提醒我們：生活得來不易。展示在早已消
失了很久的尼尼微古城、巴比倫塔、特洛伊古城這些建築和
雕刻上的手工藝術和技能，千百年來一直流傳，直到今天。
凝結在大自然懷抱中的勞動成果永遠不會丟失。這些有用的
勞動成果的遺蹟會繼續存續下來，如果不是造福於個人的
話，也會造福於整個人類。

　　由我們的先人遺留給我們的物質財富，在我們所繼承的
遺產中只占一個很不重要的地位。在我們天生繼承的權利
中，還包括某些更加不朽的東西。這些東西匯聚了人類技能
和勞動中最有價值的成果。這些成果無法透過學習的方式來
流傳，只能透過教育和樣板的方式才能流傳。一代人教育另
一代人。這樣，藝術和手工藝、機器設備和材料的知識就繼
續被保存下來。前人的勞動成果因此就以父傳子的方式被傳
承下來；他們就這樣一代一代地增添人類的自然遺產 —— 這
是文明發展的一個最重要的手段。

　　因此，我們的天生權利就在於繼承我們父輩的勞動成果
中那些最有益的東西；除非我們自己也參加勞動，否則我們
就無法享受這種權利。所有的人都應當勞動，無論是從事體
力勞動還是腦力勞動。沒有工作，生活是沒有意義的；它就
會變成一種道德麻木狀態。

我們所說的工作絕不僅僅是體力勞動，還有許多更加高級的工作 —— 訴訟和耐力活動、審判工作、企業管理、慈善活動、傳播真理和文明活動、解除病人痛苦、救濟窮人的工作、幫助弱者使他們自立的活動等等。

一個高貴的心靈，不屑於像懶鬼一樣靠別人的勞動而生活；像寄生蟲一樣靠偷食公共糧倉裡的糧食而生存；像鯊魚一樣靠捕食弱小魚類而生存。相反的，他會盡最大努力去履行自己的義務；去關心愛護別人；對社會奉獻自己的慈愛和力量。因為從君王的統治到莊稼人的手工勞動，這其中的任何一種工作，若想取得美好的成功、信譽和滿足，都不得不付出許多腦力勞動、體力勞動，或同時付出兩者。

勞動不僅是一種必要性，而且也是一種樂趣。過去被我們所詛咒的勞動，今天變成了上帝給我們的賜福。在某些方面，我們的生命是一場與大自然的衝突；但在另外一些方面，它又是與大自然的一場合作。大自然經常從我們身上吸收生命力，我們也從大自然中取得營養和溫暖。

大自然跟我們一起工作。它為我們提供耕種的土地；它使我們播種在地裡的種子生長結果，讓我們採集它們當食物。在人類勞動的幫助下，它提供給我們紡織用的羊毛和吃的食物。而更不應該忘記的是，無論我們是窮人還是富者，所有我們吃的、穿的、住的，從宮殿到茅草屋，都是勞動換來的。

成功理財的祕訣

　　為了大家的共同生活，人們相互合作。農夫耕耘土地提供食物；工人紡織生產裁縫們用來製衣的布料；泥瓦工建造我們用於安居樂業的房子。正是廣大勞動人民的辛勤工作，為整個人類創造了今天的生活條件。

　　用來為卑鄙下流的事情服務的勞動和技能會使自己蒙上很不光彩的名聲。事實上，勞動是一種人道的生活，如果拒絕勞動或反對勞動，那麼，亞當的後代立刻就會受到死亡的威脅。聖保羅說：「不勞動者不得食。」這位傳道士確實使自己獲得了尊榮，因為他用自己的雙手親自勞動，從來沒有讓任何人增加過負擔。

　　有一個眾所周知的老農夫故事：當他躺在床上臨終時，他把自己的 3 個懶惰兒子叫到身邊，告訴他們一個重要的祕密。「我的孩子，」他說，「在我留給你們的種植園下，埋藏了許多金銀財寶。」老人氣喘吁吁地說。

　　「它們藏在哪裡？」兒子們迫不及待地問道。

　　「我會告訴你們的，」老人說，「你們應當從地下把它挖出來……。」

　　正當他要說出那至關重要的祕密之時，他的呼吸突然停止了，老人一命嗚呼。

　　懶惰的兒子求金心切，立刻在父親留給他們的種植園裡大肆挖掘起來。他們搶著鐵鏟和工具，揮汗如雨地把種植園

的土地翻了一遍，連那些雜草叢生、荒蕪很久的地也被翻整了一遍。他們認真仔細地把土塊弄碎，以免金子漏掉。最終，他們還是沒有找到金子。這時他們突然才幡然悔悟父親那話的真實意圖。從此，他們學會了工作，把種植園的土地全播了種，最後獲得了巨大的豐收，穀倉堆得滿滿的。此時，他們才發現「埋藏」在種植園裡的財寶 —— 他們那明智的老父親給他們的建議！

勞動既是一種負擔、受罪、榮譽，也是一種快樂。勞動似乎與貧困結伴而行，但是，勞動也具有尊榮。與此同時，勞動也見證並滿足了我們的自然需要和其他多種需求。

沒有勞動，我們何以為人、何以為生活、何以為文明？人類生活中所有偉大的東西都來源於勞動 —— 在文學、在藝術、在科學中的偉大成就。知識 —— 我們用以飛向天堂的翅膀 —— 也只能從勞動中獲得。天才只不過是勤奮勞作的一種能力：即創造偉大和持久努力的能量。

勞動也許是一份辛勞，一份受罪，但它確實也是一種榮耀。它是虔敬、職責、讚頌和不朽 —— 這是送給那些具有最高的人生理想，並為最純潔的目標而勞動之人的讚譽。

有許多人在抱怨靠勞動來生活的法則，他們根本就不反思一下：遵守這條法則不僅是在服從上帝的神聖意志，同時也是出於發展我們的才智、為了開發我們的共同自然本

性的需要。在所有悲慘的人中，毫無疑問，懶惰者是最悲慘的 —— 他的生命是一片荒漠，他們除了滿足自己的感官快樂之外，總是無所事事。這些人難道不是所有人當中最牢騷滿腹、悲慘透頂、無法滿足的人嗎？他們經常處於無聊狀態，似乎對自己、對別人都毫無用處 —— 只是土地的負擔 —— 當他們撒手人寰後，沒有任何人想念他們。又有誰會對他們表示懷念呢？最悲慘和可恥的命運非懶鬼的命運莫屬。

在推動世界前進方面，有誰做出比勞動人民還要大的貢獻呢？所有被我們稱之為進步的東西 —— 文明、健康、繁榮 —— 無一不依靠勤奮、實幹。從種植大麥到製造蒸汽機輪船；從衣領的縫製到「使整個世界為之陶醉的」雕刻藝術等等。

同樣，所有那些有益而美好的思想也是勞動、學習、觀察、研究和勤奮思考的結果。那些最高貴而流傳千古的詩歌不經過長期辛勤的思考是不可能寫作出來的。沒有任何偉大的工作是「在心中」完成的，它是反覆努力、經歷無數次失敗才獲得成功的。偉大的事業往往是從一代人開始，另一代人前仆後繼 —— 現在與過去不斷承傳、相互合作。偉大的巴特農神廟是從泥巴小屋開始建起的；《最後的審判》這幅名畫開始時也只是沙灘上的胡亂圖畫而已。對個人來說道理也一樣：他們的努力往往開始於失敗，但透過持之以恆和堅韌

不拔，最後獲取了成功。

勤奮的歷史銘刻在品格的形成過程中。勤奮能使最窮苦的人也能獲得榮譽 —— 如果不是獲取傑出成就的話。在文學、藝術、科學史上最偉大的名字是那些最勤奮工作的人。一個儀器工人奉獻給我們蒸汽機；一個理髮師發明紡紗機；一個紡織工發明了走錠精紡機；一個小攤販改進了火車機車的功能；一代又一代來自各階層的工人們為機械技術的不斷完善做出了貢獻。

談到勞動者，我們指的不僅僅是用他們的肌肉和體力從事勞動的人。一匹馬也能完成這些工作。但是，人是傑出卓越的勞動者，因為他還用頭腦進行工作，他的所有身體系統都是在這種更高能力的影響之下。一個人寫本書，繪一幅畫，制定一條法律，創作一首詩歌，都是在從事更高級的勞動。在維持社會的生存方面，這些工作看起來似乎不如農夫或牧羊人的工作那麼重要，但是，在促進社會往更高的才智精神發展方面，腦力勞動的貢獻絲毫不亞於體力勞動。

前面我們談了那麼多勤勞的重要性和必要性，我們從中看到了人類從中獲得的巨大益處。顯然，若不是我們的先人進行文明的累積 —— 技能的、藝術的、發明的、知識文化等方面 —— 我們還生活在野蠻人階段。

正是勞動的累積塑造了世界的文明人，累積是勞動的成

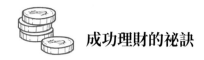

果；只有當勞動者開始進行累積，文明的成果才會匯聚起來。我們已經說過，節儉是和文明一起誕生的：我們幾乎可以說節儉產生了文明。節儉產生資本，而資本又是勞動所累積的成果。資本家就是一個不花光他透過勞動所獲得的一切收入的人。

但節儉不是一種自然的本能。它是一種透過後天習得的行為原則。它包括自制——克制眼前的享樂而為未來打算——使動物式欲望服從於理性、遠見和謹慎。它既為今天工作，也為明天而工作。它把累積下來的資本用於投資，以便為未來作準備。

愛德華・丁尼生說：「由理性賦予人的先見之明是和為未來做準備的義務分不開的；⋯⋯無論什麼時候我們談到節儉的美德，我們的意思都是凡事豫則立，不豫則廢。要知道，未來是不講情面的，為未來作準備就是最大的美德。」

讓我們看看西班牙的情形。那裡，最富饒的土地竟然產出最低。在瓜達幾維河沿岸一帶，過去曾一度存在著多達 12,000 個村莊，而如今，剩下不到 800 個村莊了，而且村村盡是些乞丐。

一句西班牙諺語說：「天空是美好的，大地是美好的，唯一糟糕的東西是位於天空與大地之間的人。」

持久的努力工作或辛勤的勞動是西班牙人不能忍受的事

情。多半是出於懶惰，多半是出於自豪，他們不願辛勤勞動。一個西班牙人會為工作而汗顏，卻不會為乞討而臉紅。

正是從這個意義上來說，社會主要由兩大階級所構成 —— 節儉者和浪費者；只顧眼前的人和為將來打算的人；勤儉的人和揮霍的人；有產者和無產者。

那些透過勞動的途徑勤儉節約而成為資本家的人又會開創其他工作。資本在他們手中累積起來，他們僱傭其他人為他們工作。由此，商業和貿易就出現了。

勤儉的勞動人民建造房屋、倉庫和工廠；他們開辦用機器來從事生產的製造業；他們建造輪船並航行到世界各地；他們把資本集中起來用於建設鐵路、港口和碼頭；他們開辦煤礦、鐵礦和銅礦，安裝抽水機保持水的清潔；他們僱傭大批工人開礦鋪路，使社會的就業人數突飛猛進。

所有這一切都是勤儉的結果。它是節省金錢並把它用於為社會造福的計畫的結果。揮霍浪費之徒沒有為世界的進步貢獻任何一點。他花光了他所獲得的收入，無法幫助任何人、無論他賺多少錢，他的社會地位也不會有任何改變。他從不會節儉地使用自己的資源，總是向別人求助。實際上，他是那些勤儉者們的天生奴僕。

金錢只有流動才能積聚

投資的意識不是天生的，而是可以培養的，只要掌握了正確的投資理財觀念，我們每個人都可以成為成功者。

錢是人類的好朋友，尤其是你要它幫你賺錢的時候，根本不需費一絲一毫的心力，它就幫你把更多的錢吸聚到你的口袋裡。舉例來說，你把 500 元存入一個年息 5% 的定期帳戶裡，1 年之後，你不需要幫人除草，也不需要代人洗車，你的錢就幫你賺進 25 塊錢了。

如果你每年投資 500 元於股市裡，即使你到外地度假時，這筆錢仍將為你賺進更大的財富。平均說來，這筆錢每 7 ～ 8 年就會增值 1 倍，當然，前提是你投資在股票裡。許多聰明的投資人早就學會了這點，他們了解餘錢和所從事的工作重要性是不分上下的。

華倫·巴菲特（Warren Edward Buffett）是當今超級富豪之一，他的祕訣無它，就是將錢投資在股票裡。他和美國其他小孩無異，都是從送報生開始做起，但是，他比別人更早了解到金錢的價值，所以，他緊守著得來不易的每分錢。

如果你很早就開始儲蓄並投資時，當你存到一定程度後，會發現你的錢會自動幫你準備好所需的生活花費。這不像有幸生在一個好人家，有一個富有的親戚每月會固定送上生活所需一切，你甚至不需寄感謝卡，或是在他們生日時去

應酬，這不正是許多人夢寐以求的境界嗎？此時，你完全享有經濟獨立，做想做的事，去想去的地方，讓你的錢留在家裡，替你上班賺錢。當然，如果你沒有及早儲蓄，並且每個月固定撥出一筆錢投資，那麼這一切將永遠只是一個夢想。

有位大地主某天將他的財產託付給3位僕人保管與運用，他給了第1位僕人5個單位的金錢，第2位僕人2個單位的金錢，第3位僕人1個單位的金錢。地主告訴他們，要好好珍惜並善加管理自己的財富，等到1年後再看看他們是如何處理錢財的。

第1位僕人拿到這筆錢之後做了各種投資；第2位僕人則買下原料，製造商品出售；第3位僕人為了安全起見，將他的錢埋在樹下。1年後，地主召回3位僕人檢視成果，第1位及第2位僕人所管理的財富皆增加了1倍，地主甚感欣慰。唯有第3位僕人的金錢絲毫未增加，他向主人解釋說：「唯恐運用失當而遭到損失，所以將錢存在安全的地方，今天將它原封不動地奉還。」

主人聽了大怒，並罵道：「你這懶惰的傢伙，竟不好好利用你的財富。」不善利用財富等於浪費金錢，浪費了天賦資源。第3位僕人受到責備，不是由於他亂用金錢，也不是因為投資失敗遭受損失，而是因為他把錢存在安全的地方，根本未好好利用金錢。大多數人也像這位僕人一樣不善於利用手中的財富。

成功理財的祕訣

　　錢存在銀行是當今投資最普遍的途徑，同時是我們理財所犯的最大錯誤，這也是妨礙我們致富的最重要原因：將錢投資在低報酬率的領域中。這裡所指的低報酬率的領域，泛指郵局、一般銀行及其他可存錢的金融機構。

　　大多數人認為錢存在銀行能賺取利息，享受複利效果，如果金錢已經做了妥善的安排，就已經盡理財的責任了。事實上，利息在通貨膨脹的侵蝕下，實質報酬率接近於 0，因此，錢存在銀行等於是沒有投資。

　　每個人最後能擁有多少財富，難以事先預測，唯一能確定的是，將錢存在銀行而想致富，難如登天，試問：「你曾否聽說有單靠銀行存款而致富的人？」將所有的積蓄都存在銀行，到了年老時不但無法致富，常常連財務自主都無法達成，這種例子在報紙上時有所聞。

　　選擇以銀行存款作為投資方式的人，其著眼點不外乎是安全，但是，錢存在銀行短期雖最安全，長期卻是最危險、最不奏效的致富方式。

　　明智之舉是將自己的資金，明確地區分為日常生活資金與投資資金。日常生活所需的資金存於銀行，享受銀行提供之安全與便利；而投資的資金盡量不要存於銀行，必須投資於長期報酬率較高的股票、房地產等投資領域上。

　　依我們所見，一個人或一個家庭存在銀行的金額，維持

2 個月的生活所需就足夠了。一般人或家庭每個月大多有薪水或其他收入，會定期存入銀行帳戶，因此，保留 1 個月的生活費做為生活之用，另再加上 1 個月的生活費做為安全存量，這些銀行存款，用來支付生活所需應是綽綽有餘。其餘的錢應轉做投資之用，投資於報酬率高的股票或房地產。

換言之，若你或你的家庭 1 個月生活費平均是 20,000 元，而你的銀行存款經常超過 50,000 元，你便沒有實行這一致富的原則，我們總是向銀行存錢卻很少尋找適當的投資目標，讓過多的資金沒有發揮其賺錢的功能。

你可以種下一顆種子，看它長大。這個辦法可以套用在金錢上，甚至是紙鈔。要知道，你每用一次錢，便是在助長錢的流動，它會加倍地再回來。藉由償付借款，你便是讓金錢流向薪資及紅利。每一次你只要已到經費不足時，就花掉一些。喬‧史派勒在《動手來種錢》中提及一個只剩下 1 分美金的人，這個人正開始一次用掉 1 分美金。當他換成美金的銅幣，然後用掉它們，他心裡告訴自己每次他花掉錢，就要以 10 倍或更多倍的數量再回到手上。這方法的確奏效！

金錢是包裝起來的能源 —— 讓它流動吧！金錢就是你可以用最適合攜帶的形式來消化的個人能源。這能源獨一無二，你可以將它送到遙遠的地方，去協助一個你依賴的計畫；同時你可以待在家裡做你最喜歡的事。你可以說，金錢

是一種可即刻濃縮的能源 —— 你只要加進一點愛，並將它送到該送的地方。

開始將金錢想成能源……且讓這錢能流過你。有些人擔心擁有過多，於是他們將錢儲存起來。如此除了阻斷流量，還會有什麼好處？如此你也無法享用此能源。有人說：「我是在未雨綢繆。」真的！即使你已經可以買得下一個「雨天」，你會去買嗎？其他人則假設，如果你已經為了一個「下雨天」準備妥當，你會進一步為你在你的大腦中所規劃的 —— 溼雨季而準備！

先投資再等待機會

思想改變行動，行動改變習慣，習慣改變性格，性格改變命運。

通常貧窮人家對於富人之所以能夠致富，較負面的想法是將富人致富的原因，歸諸於運氣好或是從事不正當、違法的行業；而較正面的看法是將富人致富的原因，歸諸於富人比我們努力或是他們克勤克儉。

但這些人萬萬沒想到，真正造成他們財富被遠拋諸於後，是他們的投資領域。因為窮人與富人的投資領域不同，富人多數的財產是多渠道、多種類的投資，而窮人多數的財產是單一投資。

投資人躋身於致富之林，要能在思考模式上逃脫傳統思考的框架。有一個成年人不會騎腳踏車，他看到一位小孩正在騎，羨慕地對小孩抱怨說：「小孩子身手敏捷才會騎車。」沒想到小孩子卻對他說：「不一定要身手敏捷才能騎。」

於是小孩子教這位成年人騎車，而成年人也很快地學會了。當成年人愉快地與這小孩道別回家時，卻習慣性地推著車走路回家，這就是無法跳脫慣性的框架。

所以我們應跳出習慣性的框架，及早進行投資，用錢來幫你賺錢，多一分投資多一分收入。

我們認為最安全的投資策略是：先投資後，再等待機會，而不是等待機會再投資。

一般人在送禮時，常常為送禮的價格及種類而感到十分棘手。同樣，接受禮物的一方也頗感困擾。往往下層贈送禮品給上司時，常把對方視為重要人物，如果送了與身分地位不相稱的禮物，雙方都會覺得尷尬。此外，接受者也必定有某些期待，如果對方沒有送禮來或送的東西比自己期待的價格還低，心裡就會感到不是滋味，甚至還會覺得自己在對方心目中沒什麼分量而感到懊惱。

針對贈禮的技巧，專家建議，送禮物給上司時，應該選擇一些難以用金錢衡量價值的物品，最好具有收藏、欣賞價值；而送禮的標準應因人而異，但多以與此人的交情為準。

而送禮給同事、朋友時，可參考對方送的禮，送相同性質的禮物大致不會出錯。

　　抱持「船到橋頭自然直」得過且過之心態來投資，是個人投資最普遍的障礙，也是導致大多數人不能致富的主因。許多人對於投資抱著得過且過的態度，總認為船到橋頭自然直，隨著年紀的增長，眼見別人的財富逐漸快速成長，終於警覺到投資的重要性，此時才開始想投資，已因為時間不夠，複利無法發揮功能，懂得投資又如何，為時已晚？

　　很多年輕人總認為投資是中年人或有錢人的事，到了老年再來擔心投資還不遲。投資能否致富，與金錢的多寡相關性很小，而投資和時間長短之關連卻相當大。人到了中年面臨退休，手中有點閒錢，才想到要為自己退休後的經濟來源做準備，此時卻為時已晚。

　　原因很簡單，時間不夠久，無法使複利發揮作用。要讓小錢變大錢，至少需要 20 ～ 30 年以上的時間。正如前面所舉的例子，10 年的時間仍無法使小錢變大錢，可見理財只經過 10 年是不夠的，得要有更長的時間，才有顯著的效果。

　　既然知道投資可以致富，需要投資在高報酬率的資產，並經過漫長的時間複利作用，那麼我們的脫困之道，除了充實投資知識與技能外，最重要的就是即時的投資行動，投資活動應越早開始越好，並培養持之以恆、長期等待的耐心。

今天導致大多數人不能致富的原因，是眾人不知如何運用資金，才能達到以錢賺錢、以投資致富的方式。這是我們教育上的缺失，學校教育花大量的時間教導學生謀生技能，以便將來能夠賺錢，但是從不教導學生在賺錢之後如何管理錢。大學裡訓練理財的途徑 —— 投資股票，往往被校方視為投機、貪婪的行為。而對未來這個財務主導的時代，缺乏以錢賺錢的正確投資知識，不但侵蝕人們致富的夢想，而且對企業的財務運作與國家的經濟繁榮亦有所傷害。

不要再以未來價格走勢不明確為藉口，而延後你的投資計畫，又有誰能事前知道房地產與股票何時開始上漲呢？過去每次價格巨幅上漲，事後總是悔不當初。價格開始起漲前，是沒有任何徵兆的，也沒有人會敲鑼打鼓來通知你，對於這種短期無法預測，長期只有高預期報酬率之投資，最安全的投資策略是：「先投資再等待機會，而不是等待機會再投資。」

巴菲特是美國有史以來真正的股市大亨，而且穩坐美國首富多年，美國其他的富豪，都靠經營企業致富，只有巴菲特是把錢投資在股票上，只要美國的經濟持續成長，他的財富就能與日俱增。

如果時間是投資不可或缺的要素，那麼爭取時間的最佳策略就是「心動不如馬上行動」，現在就開始投資，就從今天開始行動吧！

越早開始投資，便越早達成致富目標，自己與家人就能越早享受致富的成果。而且越早開始投資，利滾利時間越長，時間充裕，所需投入之金額就越少，理財就越輕鬆且愉快！

年輕就是投資致富的本錢，年輕人，有資格做以小錢投資致富的夢！若年老之後才開始投資，每個月所需投入的資金，已經大到不是一般人可以負擔的程度了。總之，為退休投資應趁早，莫待等閒白了少年頭，年老再投資，已時不我與了。

未來的財富水準全累積於今日。今天的事又累積於今天的觀念和切實的做法，不要讓多餘的猶豫在你的心中投下陰影。

花錢，而非賺錢造就財富

富裕和閒適是大多數人都能達到的狀態，只要他們想方設法努力去獲得並擁有它們。那些擁有豐厚薪水收入的人們也許會成為資本家，在社會進步和幸福的果實中享有自己的正當額分。但是，只有付出勞動、精力、誠實和勤儉，他們才能改善自己的處境或他們那個階級的處境。

目前的社會與其說是在遭受缺錢的痛苦，不如說是在遭受大肆揮霍浪費錢的痛苦。賺錢比懂得如何花錢要輕鬆容易得多。並非是一個人所賺的錢構成了他的財富，而是他的花錢和存錢的方式造就了他的財富。

　　當一個人透過勞動獲得了超出他個人和家庭所需開支的收入之後，那麼他就能慢慢地積攢下一小筆錢財了，毫無疑問，他從此就擁有了在社會上健康生活的基礎了。這點積攢也許算不了什麼，但是它們足以使他獲得獨立。

　　令人困惑不解的是為什麼今日那些高收入的工薪階層竟然沒辦法累積錢財。這實際上是自我克制和個人節儉的問題。確實，當今那些主要的實業界領袖都是直接來自社會各階層的人所組成。正是經驗和技能的累積把工人和非工人區別開來，而這又取決於工人自己是願意節約資金還是浪費資金。如果他節約資金，他將發現他會有足夠的機會把它用於從事有利可圖和有用的事情。

　　節省時間也就等於是節省金錢。富蘭克林說過：「時間就是金錢。」如果某人希望賺錢，那麼就得正確地使用時間。而時間也可以用於做許多美好而高貴的事情。它可以用來學習、研究、從事文藝創作和科學探索活動。時間可以有計劃地節省。

　　計畫是為實現某種目的所作的安排，以便在完成計畫的過程中不至於浪費時間。任何一個經商的人都必須是有計畫和井井有條的才行。同理，每個家庭主婦也該如此。每件東西都應有它所屬的地方，每個地方也都應該有它所屬的東西，任何事情都有屬於它的時間，而任何事情都必須及時完成才行。

成功理財的祕訣

　　沒有必要再向人們重複宣揚節儉是有用的道理了，沒有人能否認節儉是可以操作練習的。我們看過這方面的許多例子，只要是許多人已經做過的事情，那麼其他人也可以做。而且，節儉不是一種使人痛苦的美德，相反，它能使我們免遭許多蔑視和侮辱。它要求我們克制自己，但也不要放棄正當的享受，它會帶來許多誠實的樂趣，而這些樂趣是奢侈浪費從我們身上奪走的。

　　節儉並不需要很高的勇氣才能做到，也不需要很高的智力或任何超人類的德行才能做到，它只需要某些常識和抵制自私享樂的力量就行。

　　實際上，節儉只不過是日常工作行為中的普通意識而已。它不需要強烈的決心，它只需要一點點耐心的自我克制。只要馬上行動就立即能見效！對節儉的習慣越是持之以恆，那麼節儉就越容易，這種行為也就會更快地給自我克制帶來巨大的補償和報酬。

　　問題也許可以這樣提出：當一個需要把他收入的每分錢都用來養家活口時，對這個收入微薄的人來說，他還能節省開支儲蓄嗎？但是，這樣的事實就是存在，而且這種事情就發生在許多勤奮和節制的人身上。他們確實能克制自己，把自己的業餘收入存放到儲蓄中，而其他形式的儲蓄也為窮人提供了積攢途徑。如果某些人能做到這點，那麼在相似條件

下，所有的人也能做到這點，根本就不會剝奪他們本來就應該享受的快樂和幸福。

對那些收入豐厚的人來說，把所有收入都花在自己一人身上，這種做法是多麼自私啊！即使他有個家，若他把自己每週的收入花在養家上而不節省一點的話，也是十足不顧未來的行為。

當我們聽說一個收入頗豐的人，死後沒有留下任何東西時——他只留下他的妻子和一個赤貧的家，讓他們聽從命運的擺布，是生是死聽天由命時——我們不得不認為這是天底下最自私而毫不節儉的行為。

儘管相對來說，這種事例比較少，也許有人會主張捐款，但捐款也許能解決某些問題，也許根本沒有。最後，這種不幸的爛攤子家庭會陷入貧窮和赤貧的境地。

然而，從很大程度上講，節儉行為就能夠避免這種結果。減少任何一次感官享受和快樂逍遙——如少喝杯啤酒或少抽一支雪茄——就能使一個人在歲月的過程中為其他人節省下來一些東西，而不是用於浪費在自己身上。

事實上，對那些最窮苦的人來說，正是平日裡的精打細算——無論這種行為多麼地微不足道，為以後他和他的家庭遭受疾病或絕望無助時提供了應急手段。而這種不幸的情形往往是在他們最意想不到的時候光臨。

成功理財的祕訣

　　相對來說，能成為富翁的人畢竟只是少數；但絕大多數人都擁有成為富翁的能力，即勤奮、節儉、充分滿足個人所需的能力。他們能擁有充足的儲蓄，以應付當他們年老時，面臨的匱乏和貧困。

　　然而，在從事節儉的過程中，缺少的不是機遇，而是意志力。一個人也許會不知疲倦地辛勤工作，但他們仍然沒無法避免大手大腳地花錢，過著高消費的生活。

　　大多數人寧願享受快樂而不願實行自我克制，他們常常把自己的收入全部花掉，一點都不剩。不只是普通勞動人民中有揮霍浪費的人，我們也聽說過有些人把多年辛勤工作的收入在 1 年就揮霍精光的故事。當這種人突然離開人世後，沒有替他們的孩子留下任何東西。每個人都知道這樣的事例，在他們死的時候，連他們曾得以棲身的房子這點家產也都屬於別人的了，因為不得不把房賣掉以使用來支付他的喪葬費和償還他生前由於毫無節制的揮霍所背負的沉重債務。

　　金錢代表了許多毫無價值，或者說毫無實際作法的目的；但金錢也代表了某些極為珍貴的東西，那就是自立。從這個意義上講，它具有偉大的道德重要性。

　　作為自立的一種保障，節儉這種最樸素和平民化的特質能立刻昇華為最值得稱道高貴美德之一。「不要輕率地對待金錢，」巴威爾說，「因為金錢反映出人的品格。」

　　人類的某些最好特質就取決於是否能正確地使用金錢 —— 比如慷慨、大方、仁慈、公正、誠實和高瞻遠矚。人類的許多惡劣特質也起源於對金錢的濫用 —— 比如貪婪、吝嗇、揮霍、浪費和只顧眼前不顧將來的短視行為。

　　沒有任何一個賺多少就花掉多少的人做成過什麼大事。那些賺多少就花掉多少的人們永遠把自己懸掛在赤貧的邊緣線上。這樣的人們必定是軟弱無力的 —— 受時間和環境所奴役。他們使自己總是處於貧困狀態，他喪失了對別人的尊重，也喪失了自尊。這種人是不可能獲得自由和自立的。揮霍而不知節儉足以奪走一個人所有的堅毅精神和美德。

　　但是，如果一個人節省一點東西，無論節省的東西多麼小，那麼他的地位就會立刻改觀。他積攢下來的少量資金將總是成為他力量的源泉。他不再是時間和命運的戲謔對象，從此，他能夠抬頭挺胸地面對這個世界了。從某種程度上來說，他成為自己的主人，他能支配自己的命運了，他既不會被收買也不會出賣自己。當他年老時，他能夠充滿希望地過著舒適和幸福的晚年生活。

　　當人們變得明智和善於思考後，他們就會變得深謀遠慮和樸素節儉。一個毫無頭腦的人，就像一個野人一樣，把他的收入都花光，根本不為未來做打算，不會考慮到艱難時日的需要或考慮那些得依靠他幫助的人們的呼籲。而一個明智

的人則會為未來做打算，他在自己處於好運氣時就會為將來可能降臨到自己和家庭上的不幸日子做準備，且也會認真地為那些與他鄰近和親近的人們做打算。

一般人在購買像車子或毛皮大衣等貴重物品前，一定會慎重考慮，並詢問各方意見和想法。人們之所以購買昂貴物品時總是考慮再三，無法當機立斷，這種不安正是擔心花了錢會不會後悔，或值不值得，而且這種情緒往往與金錢的多寡成正比。

在決定拿出一大筆金錢之前，人們之所以都會經過一番掙扎，主要是因為與自我密不可分。換句話說，所購買的東西已成為自我的一部分，一旦別人批評物品，就如同批評自我一樣。

鑒於這種情況，理財專家建議，在拿出巨款前，最好先諮詢一下他人再做決定，但他人的建議只有參考的作用，不能盲目地言聽計從。

對一個結婚的人來說，他得承擔多麼重要的責任啊！並不是很多人都認真地考慮過這種責任。也許這種責任早就由上帝非常明智的安排好了。因為當一個人迴避婚姻生活及其責任時，上述眾多嚴肅的思考都不會存在。而一旦結婚，一個男人就必須事先做好心理準備，只要在他的能力所及範圍內，他就絕不應當允許匱乏光顧他的家庭生活，即使他從人

生舞臺和勞動中退出後，他的孩子也不應該成為社會的負擔。

為此而進行勤儉節約是一項很重要的責任。沒有節儉，任何人都不可能是正直的 —— 人就不可能誠實。沒有遠見、不替未來著想，對婦女和孩子來說是殘忍的，而這種殘忍又是源於無知。一個做父親的人把自己多餘的一點錢財花在買醉上，沒有任何多餘的積蓄，當他死後，留給社會一個赤貧的家庭。還有哪種殘忍能超過這種殘忍的呢？

然而，這種只顧及時行樂而不顧後果的生活模式，在每個階級中都存在相當大的市場。中上階級跟下層階級一樣，都對此感到內疚，因為他們的生活超出了他們的財力。他們過著揮霍浪費的日子，極盡炫耀、輕浮、享樂之能事。他們拚命地想致富，這樣他們也許就獲得了花費所需的財力 —— 喝高檔酒和吃美味佳餚。

許多人在賺錢方面都極為勤勞，但不知道如何節省賺來的錢，或如何花費賺來的錢。他們有足夠的技能和勤奮去做好前者，但卻缺乏必要的智慧去做後者。

及時行樂的衝動俘虜我們，而在沒有思考它的後果之前就向我們的衝動繳械投降了。當然，這也許是健忘造成的後果，人們可以透過堅強的意志力來控制這種現象的發生，或者透過有力的手段來避免這種偶然開支。

節儉習慣的產生，在大多數情況下，主要是為了改善社

會的境況、改善那些有求於我們的社會情況以及社會處境。

節省每一項不必要的開銷，避免任何侈奢浪費的生活方式。一項購買交易如果是多餘的話，無論其價格多麼低，它也是昂貴的。細微的開支匯聚起來可能是一筆巨大的花費！

動不動就購買一些我們並不需要的東西，久而久之，就會養成在其他方面也出過於闊綽的壞習慣。

西塞羅說過：「不要養成狂熱的購物癖，這樣你就會從中享受一種無形的收益。」許多人被那種購買便宜貨的習慣昏亂了頭腦。「這東西真的超級便宜，讓我們買下它吧！」「你買它有什麼用嗎？」「不，目前還派不上用場，但它一定會在將來某個時候派上用場的。」

時尚也為這種購物習慣添油加醋。某些人買古舊的陶瓷器皿 —— 幾乎都用來裝飾陶瓷商店。其他人則買些古舊的字畫、古舊家具、陳年老酒 —— 都是些便宜貨！只要這些買賣不是以損害鑒賞家債權人的利益而進行的，那麼買這些舊東西就不會造成什麼損害。賀拉斯說過：「我希望在我身上別發生類似的買賣，因為我沒有 1 英吋的房間或 1/4 便士查供出售。」

在青年時期和中年時期，人們應當為安享舒適而幸福的老年時光累積一筆錢財。再也沒有比看到一位老人的下述景象更令人悲傷和揪心的了：他早已度過了他收入時期的大部

分人生階段，現在淪為靠乞討麵包度日，完全依靠他的鄰居對他的慈悲或依靠陌生人給他的施捨。

這種悲慘的情形想必會喚起人們在早年生活中就下定決心努力工作並為將來儲蓄，不但為自己，也是為他們家庭的未來生活奠定基礎。

事實上，在年輕階段人們就開始節儉儲蓄，這樣，當他們到老年時，只要他們的開銷不超出其收入，他們晚年的生活將會應付自如。年輕人有著漫長的未來，在這個過程中，他實行精打細算的原則；在他走向人生終點旅途中，他不會從這個世界帶走什麼。

然而，現實生活中的情形卻並不是這樣。現在的年輕人勇於消費、渴望消費、消費起來無拘無束，甚至比他那行將結束人生的父親的消費更加慷慨大方、毫無顧忌。他在其父親結束人生的地方開始了自己的漫長人生，他的花費遠遠大於父親在自己年齡階段所花費的數額，這樣，不久他就發現自己已債臺高築。為了滿足他那不斷湧現的需求，他求助於卑鄙的手段和非法收入。他想快速斂財、他進行投機，從事力所不能及的貿易，這樣一來，他立刻遭受重創。由此，他獲得了經驗教訓。然而這種後果並未使他改弦易轍、一心學好，這種人的行為仍然是劣跡斑斑。

蘇格拉底建議那些有家室的為父者耐心地仿效他們節儉

的鄰居的所做所為 —— 那些把自己的錢財用在最有益刀口上的行為 —— 以便從他們的榜樣中獲得教益。

勤儉從本質上來說是一種實際生活的行為，它可以透過活生生的事實傳授給你。曾有個故事：有 2 人每人每天賺 35 美元，從家庭生活和開銷方面來說，他倆的情況可謂極為相同。然而，其中 1 人說他無法節省，於是就從來都不節省；而另 1 人則說他能節省，於是定期把省下的錢存到銀行，最終，他成為置產者。

山繆‧詹森（Samuel Johnson）深深地懂得貧困帶來的窘境。在一次簽名過程中，他把自己的名字寫成「絕食者」。他曾和他的朋友走遍整個街道，卻因財力有限而找不到投宿的地方。詹森永遠也不會忘記他在人生的早期生涯中所遭遇的貧困，他總是力勸他的朋友避免陷入窮困。像西塞羅一樣，他斷言財富或幸福的最佳源泉是節儉，他稱勤儉為精明的女兒、克制的姊妹、自由的母親。

「貧窮，」他說，「不僅剝奪一個人樂善好施的權利，而且在他面對本可以透過各種德行來避免的肉體和精神的邪惡誘惑時，變得無力抵抗。不要輕易向任何人借債，下定決心擺脫貧困。無論你擁有什麼，消費的時候都傾其所有，貧困是人類幸福的一大敵人，它毫無疑問地破壞自由，並且，它使一些美德難以實現，使另一些美德成為空談。節儉不僅是

老年後行之有效，安逸的基礎，而且是一切善行的基礎。一個本身都需要被幫助的人，是絕不可能幫助別人的。我們必須先自足然後才能施予。」

當節儉被視為是一件必須付諸行動的事情時，人們就不會感到它是一種負擔了。那些從未奉行過節儉的人，有朝一日他會驚訝地發現，每週節省幾美元竟然使自己實實在在地獲得了道德品質的昇華、心靈素養的提高以及個人的獨立。

伴隨著每一項節儉的努力而來的，是尊嚴。這種行為給人益處多多。它表現為自我克制、增強品格的力量，它會產生一種自我管理良好的心靈，它培養自我克制的習慣，使精明謹慎成為顯著的性格，它讓美德成為控制自我放縱的主人。在所有這一切當中，首要的是它能使人獲得安逸閒適的心態，驅散各種強加於我們身上的煩惱，憂愁和痛苦。

有些人可能會說：「我無法做到這點。」但是，每個人都有能力做某些事情的。「無法做」是一個人和一個民族走向墮落的徵兆。事實上，沒有任何謊言比「不能」更可笑的了。

一位雇主建議他的工人「為將來可能面臨的艱難時日積攢點東西」。不久，雇主問他的雇員積蓄多少東西了？「老實講，什麼也沒有，」僱員回答道，「我照你的建議去做，但昨天下了場很凶狠的雨，一切都沖走了 —— 我酗酒去了！」

成功理財的祕訣

　　一個人在不依靠別人幫助的情況下，就應當支撐他自己和他的家庭生活，這本來就是一個人自尊的起碼展現。任何一個名副其實的自立者都應當有自尊，他是他自己那細小世界的中心。他的愛人、愛好、閱歷、希望和擔憂 —— 這些對人來說，可說是微乎其微的東西，對他個人來講，多麼地重要啊！它們影響著他的幸福、他的日常生活、以及他身為人的整個生命歷程。因此，他不能僅關注或完全只關注與個人有關的事情。

　　一個人若想行事公正，他就不僅應當為自己好好打算，也應當顧及對別人的責任。他不應把人生的目標定得太低，頭老是往下看，而應把人看成是造物主創造的「僅是略為低於天使的動物」。他應該想想更高的人生目的；想想他也擁有其中一部分的永恆利益；想想大自然和天意的偉大計畫；想想造物主賦予他的才智；想想造物主賦予他愛的力量；想想大自然為他提供的大地之家。這樣想想，他就不會偏狹地僅僅只為他個人著想了。可憐的人啊！你是這兩種永恆的核心，造物主早就把它們融合在一起了。

　　因此，讓每個人都尊重他自己吧！尊重他的身體、他的心靈、他的品格。自尊緣於自愛，它激發人們走向進步的第一步；它激發人們勇敢地站立起來，仰視天空，發展自己的才智，改善自己的境遇。自尊是絕大多數美德 —— 清白、

貞潔、敬畏、誠實、節制 —— 的基石。偏狹自私地只為自己著想，就是自我沉淪，有時甚至會墮落到臭名昭著的災難邊緣。

每個人都可以幫助自己達到某種境界。我們並不是被扔到激流中任其沉浮的稻草，而是具有主宰行動自由的人，有逆流而上並勇立潮頭的能力，能夠為自己事先選定一條方向和道路。我們可以相互提升彼此的道德水準，我們應該珍惜純潔的思想，應該樂善好施，可以生活得莊重而節儉。我們能夠為不幸的日子事先做好準備，我們可以閱讀好書，聆聽明智的教誨，接受大地上最聖潔影響的薰陶。我們可以高瞻遠矚，樹立遠大目標，為最高尚的目標而生活。

「愛自己和愛社會並不矛盾，而是相互統一的。」一位詩人這樣說過。改善提高自己的人，同時也就是在改善提高世界，他就在給芸芸眾生增加一位更加正直的人。而芸芸眾生又是由每個人組成的，顯而易見，如果每個人都改善和提高自己，其結果必將是整個社會也獲得改善和提高。

社會的進步是個人進步的結果。除非社會個體是純潔高尚的，否則，整個社會就不可能純潔高尚。社會在很大程度上，是組成它個體狀況的複製品。這些話都是一個不言而喻的道理，然而這些不言而喻的道理需要時常重複，以加深人們對它的印象。

因此，在另一方面，一個已經改善和提高自己的人，又能好好地改善和提高那些與他交往的人們。他的力量開始增加，他的視野開始擴大。他對存在於別人身上的、需要救治的缺陷，就會看得更為清楚。在提高和改善他人方面，他能提供更積極主動的幫助，只要他自己已盡了責任，那麼，他就有更大的權力號召別人也履行同樣的責任。

一個陷於自我放縱的泥潭中人，怎麼可能成為社會進步的促進者呢？一個自身醉醺醺或骯髒的人，怎麼能教育別人去過克制和清白的生活呢？「醫生，先治療好你自己吧！」就是一位鄰居對醫生的回答。

我們的講話可以概括為幾條主旨：在我們渴望社會的變革或進步發生之前，我們首先必須從自己開始做起，必須在我們自己的生活中表現出真實才行，我們必須由自己的行為典範來教育自己。如果我們想改善別人，那必須先改善自己，每個人都可以在他自身的行為中展示出這一效果，他可以從自尊開始做起。

人生的變幻無常是我們為未來的壞日子做準備的一個強大動機。這麼做既是一個道德和社會的義務，也是一個宗教的義務。

但如果任何人不是為他自己盡這項義務，而是刻意為他的家人盡義務，那麼就毀棄了這一信仰，這比無神論者還糟糕。

　　人生變幻無常的道理可謂家喻戶曉，即使一個最身強力壯和最健康的人，也可能會被突如其來的偶發事件或疾病擊倒。如果我們注意到人類生活的複雜性、多樣性，我們就不會不了解人生的變幻無常，就像殘廢的確定性一樣。

　　我們常常聽到一種哭叫聲：「沒有人會幫助我們嗎？」這是一種垂頭喪氣、不可救藥的哭喊。有時，它也是一種令人作嘔的卑鄙自私的叫喊，特別是當這種叫喊聲是來自於那些透過自我克制、節制和勤儉本來可以輕易幫助自己的人之時。

　　然而，很多人還未認知到美德、知識、自由和幸運都必須來自於他們自身。立法這一手段能為他們做的事情微乎其微：它不可能使他們節制、有才智和品行良好。大多數人基本上會不幸的根源，可以說與國會通過的法律幾乎沾不上邊。

　　揮霍浪費者嘲笑國會的立法，嗜酒如命者則對它滿不在乎，斷言宣稱沒有必要自我克制和做長遠打算，把自己最終的悲慘結局歸罪於別人。那些讓「成千上萬」的民眾圍著自己轉的煽動者，在這個問題上更是錯得離譜。他們不是盡力去教育民眾養成節儉、克制和自我修養的習慣，反而鼓勵民眾繼續喊叫：「沒有人會幫助我們嗎？」

　　這種叫喊會使心靈變壞。幫助就存在於他們自己身上，

他們天生就是用來幫助自己和提高自己的，他們必須自己拯救自己。那些最窮苦的人都能做到這點，為什麼其他人就做不到呢？勇敢和奮發向上的精神能征服一切、無堅不摧。

在表達前面那些觀點時，我們也絕非是在提倡養成吝嗇鬼、苦行僧的赤貧生活習慣，因為我們厭惡小氣鬼、守財奴、吝嗇鬼。我們所要表達的主旨，是人們應該替環境汙染做打算，做準備，他們應該在豐衣足食的美好時期裡，為將來可能降臨到自己身上的，誰也無法避免的壞日子做點準備；他們應該為免於將來的赤貧匱乏而積攢儲備一些東西，就像枯水期修好防洪堤一樣，並堅信哪怕是點滴的累積，都有可能在自己年老時派上用場。既維持老年生活，維護自尊，又能增進他們的個人舒適和社會健康。

節儉絕不是與貪婪、高利貸、吝嗇和自私同流合汙的行為。實際上，它恰恰是這些性情的對立物。它意味著節儉的目的是為了獲得人格的獨立，節儉要求金錢被靈敏運用而不被濫用 —— 它必須透過誠實手段獲取並精打細算地花費。這樣的節儉，並不是為了將金錢藏入金庫，也不是為了要有僕人服務；而是為了獨立的人格尊嚴和不受別人的奴役之苦。

花錢，而非賺錢造就財富

電子書購買

國家圖書館出版品預行編目資料

致富原則：善用流動資金、建立理財觀念、培養致富人格，有錢不必靠爸，你也可以自己發達！/ 朱儀良，羅哈德編著 . -- 第一版 . -- 臺北市：財經錢線文化事業有限公司 , 2023.02
面；　公分
POD 版
ISBN 978-957-680-588-2(平裝)
1.CST: 投資 2.CST: 理財
563.5　　111022271

致富原則：善用流動資金、建立理財觀念、培養致富人格，有錢不必靠爸，你也可以自己發達！

臉書

編　　　著：朱儀良，羅哈德
封面設計：康學恩
發 行 人：黃振庭
出 版 者：財經錢線文化事業有限公司
發 行 者：財經錢線文化事業有限公司
E - m a i l：sonbookservice@gmail.com
粉 絲 頁：https://www.facebook.com/sonbookss/
網　　址：https://sonbook.net/
地　　址：台北市中正區重慶南路一段六十一號八樓 815 室
Rm. 815, 8F., No.61, Sec. 1, Chongqing S. Rd., Zhongzheng Dist., Taipei City 100, Taiwan
電　　話：(02) 2370-3310　　傳　　真：(02) 2388-1990
印　　刷：京峯彩色印刷有限公司（京峰數位）
律師顧問：廣華律師事務所 張珮琦律師

定　　價：299 元
發行日期：2023 年 02 月第一版
◎本書以 POD 印製